essentials

essentials liefern aktuelles Wissen in konzentrierter Form. Die Essenz dessen, worauf es als „State-of-the-Art" in der gegenwärtigen Fachdiskussion oder in der Praxis ankommt. *essentials* informieren schnell, unkompliziert und verständlich

- als Einführung in ein aktuelles Thema aus Ihrem Fachgebiet
- als Einstieg in ein für Sie noch unbekanntes Themenfeld
- als Einblick, um zum Thema mitreden zu können

Die Bücher in elektronischer und gedruckter Form bringen das Expertenwissen von Springer-Fachautoren kompakt zur Darstellung. Sie sind besonders für die Nutzung als eBook auf Tablet-PCs, eBook-Readern und Smartphones geeignet. *essentials:* Wissensbausteine aus den Wirtschafts-, Sozial- und Geisteswissenschaften, aus Technik und Naturwissenschaften sowie aus Medizin, Psychologie und Gesundheitsberufen. Von renommierten Autoren aller Springer-Verlagsmarken.

Weitere Bände in der Reihe http://www.springer.com/series/13088

Torsten Spandl · Walter Plötz

Direktmarketing mit Printmedien

Kompaktes Wissen für den
erfolgreichen Kundendialog

 Springer Gabler

Torsten Spandl
Hannover, Deutschland

Walter Plötz
JustPlötz
Aumühle, Deutschland

ISSN 2197-6708   ISSN 2197-6716   (electronic)
essentials
ISBN 978-3-658-21463-0   ISBN 978-3-658-21464-7   (eBook)
https://doi.org/10.1007/978-3-658-21464-7

Die Deutsche Nationalbibliothek verzeichnet diese Publikation in der Deutschen Nationalbiblio-
grafie; detaillierte bibliografische Daten sind im Internet über http://dnb.d-nb.de abrufbar.

Springer Gabler

Gedruckt auf säurefreiem und chlorfrei gebleichtem Papier

Springer Gabler ist ein Imprint der eingetragenen Gesellschaft Springer Fachmedien Wiesbaden
GmbH und ist ein Teil von Springer Nature
Die Anschrift der Gesellschaft ist: Abraham-Lincoln-Str. 46, 65189 Wiesbaden, Germany

Was Sie in diesem *essential* finden können

- Eine grundlegende Einführung zu Direktmarketing als Instrument
- Die wichtigsten Regeln für den 1:1-Kundendialog
- Kreativitätsanregungen für die Direktmarketing-Aktion
- Dos and Don'ts für die Texte
- Anlässe und Ideen für den Redaktionsplan des Direktmarketings
- Die praktische Umsetzung von Direktmarketing mit Printmedien

Vorwort

Direktmarketing ist Vorteilskommunikation, verkaufende Kommunikation, Kommunikation zur Kundengewinnung und Kundenbindung. Kurzum eine Dialogform, die durch die unmittelbare Nähe zum Kunden einen persönlichen Kontakt herstellt. Direktmarketing ist für alle Unternehmen geeignet: für Start-ups, Kleinunternehmen, Mittelstand und bis hoch zum Großkonzern. Direktmarketing ist eines der zentralen Instrumente, den Kundenkontakt aufzunehmen, den Verkauf zu motivieren und die Kunden weiter zu binden.

Sie können nach der Lektüre sofort mit Direktmarketing starten. Printmedien sind heute vielfach die richtige Wahl. Sie haben mit diesem *essential* alle Maßnahmen für den Kundendialog parat. Sie können viele Anlässe entwickeln, um den Kontakt mit dem Kunden zu pflegen. Sie können den Erfolg bewerten und haben damit gute Maßstäbe, anhand derer Sie sich selbst immer wieder kreativ mit Direktmarketing beschäftigen.

Kurzum: Sie werden Printmarketing zu schätzen lernen und sind bereit, sofort mit der Umsetzung erster Kampagnen zu beginnen. Gutes Gelingen!

Auch wir lieben den Dialog

Schreiben Sie uns einfach Ihre Meinung zu diesem *essential*. Haben Sie eine Direktmarketing-Aktion durchgeführt, und war sie erfolgreich? Haben Sie Anmerkungen oder Kritik? Wir freuen uns auf Ihr Feedback:

    torsten.spandl@fhdw.de
    www.torstenspandl.com
    ploetz@justploetz.de
    www.justploetz.de

Hamburg   Torsten Spandl
im Frühjahr 2018   Walter Plötz

Inhaltsverzeichnis

Über die Autoren

Walter Plötz (M.A.) begann seine Laufbahn als Texter bei der QUELLE AG und lernte dort Direktwerbung von der Pike auf. Nach seinem Wechsel zur Hamburger Dialogmarketingagentur Fritsch, Heine, Rapp + Collins betreute er den Versandhandelsriesen weitere drei Jahre auf Agenturseite. Anschließend war er 14 Jahre in führenden Positionen bei Publicis Hamburg tätig, zuletzt als Geschäftsführer Kreation und Executive Creative Director. 2009 gründete er als Mitgesellschafter die defacto BE/ONE Hamburg und baute den Standort erfolgreich auf. Seit 2017 ist er mit JUSTPLÖTZ selbstständig.

Walter Plötz betreute u. a. Aktion Mensch, die OTTO Group, T-Mobile, Deutsche Renault AG, Plan International und Tchibo und gewann weit über 50 nationale und internationale Awards. Der Top-Kreative war Mitglied in vielen Jurys, u. a. bei den Cannes Lions und dem John Caples Award in New York und lehrte viele Jahre als Dozent an der Texterschmiede Hamburg. Dem Deutschen Dialogmarketing Preis (heutiger MAX Award) stand er acht Jahre als Juryvorsitzender vor.

Prof. Dr. Torsten Spandl Nach dem Studium der Betriebswirtschaftslehre an den Universitäten Regensburg, der Aston Business School in Birmingham und der Wirtschaftsuniversität Wien war Torsten Spandl anfangs in der Medizintechnik in Marketing und Vertrieb tätig. Er promovierte im Fachgebiet Handel und Marketing und war anschließend viele Jahre in leitender Funktion in einer Tochterunternehmung der Otto Group Hamburg beschäftigt. Im Jahr 2012 erfolgte der Ruf auf eine Professur an der Fachhochschule für die Wirtschaft in Hannover.

Seine beruflichen Schwerpunkte liegen überwiegend im Spannungsfeld von Marketing und Vertrieb. Von klassischen Markenkampagnen über Direktmarketing-Aktionen bis zu digitalen Absatzkonzeptionen konnte Torsten Spandl nahezu alle absatzrelevanten Instrumente operativ einsetzen. Diese Erfahrungen und die parallele eigene unternehmerische Aktivität bringt Torsten Spandl als Studiengangsleiter für den Masterstudiengang „Marketing- und Vertriebsmanagement M.A." an seiner Hochschule ein.

Direktmarketing mit Printmedien – individuell und erfolgreich

▷ Direktmarketing ist ein seit Langem etabliertes Marketinginstrument – und mit Printmedien so aktuell wie nie zuvor.

Vor dem Verkauf steht der Dialog. Produkte und Angebote müssen vorgestellt, Kunden informiert und unterhalten werden. Die Beziehung zwischen Unternehmen und Kunden entsteht durch Kommunikation. Unternehmen müssen Wege finden, diesen Dialog zu initiieren und zu führen. Unternehmenskommunikation ist in vielen Fällen digitalisiert worden, jedoch besitzt Print als Kommunikationsmedium weiterhin eine herausragende Bedeutung – dies wird dieses *essential* als wichtige Botschaft transportieren.

Direktmarketing ist eines der wesentlichen Kommunikationsinstrumente für alle Zielsetzungen von Marketing und Kommunikation. Unternehmen aller Größen und Branchen nutzen Direktmarketing zur Neukundengewinnung, zum Kontakt mit ihren aktuellen Kunden, zur Reaktivierung und auch zur Kundenbindung. Keine andere Kommunikationsform kann einen so direkten Kontakt aufbauen, keine andere Werbeform erreicht den Kunden so persönlich wie Direktmarketing. Mit der 1:1-Ansprache des Kunden haben Unternehmen die Möglichkeit, in einen unterhaltenden, beziehungsaufbauenden und verkaufenden Dialog einzusteigen.

Das Trägermedium Print für die Direktmarketingaktivitäten steht bei den Betrachtungen dieses Buchs im Mittelpunkt. Der Kundendialog über gedruckte Medien, wie bspw. das Direktmailing oder auch die Postwurfsendung, hat in den Zeiten der Entwicklungen der digitalen Medien eine neue Bedeutung erhalten. Dieser neuen Bedeutung wird dieses Buch gerecht und trägt den Stand des Wissens zu gedrucktem Direkt- und Dialogmarketing zusammen. Print als Medium wird immer stärker wieder in Marketingaktivitäten berücksichtigt.

© Springer Fachmedien Wiesbaden GmbH, ein Teil von Springer Nature 2018
T. Spandl und W. Plötz, *Direktmarketing mit Printmedien*, essentials,
https://doi.org/10.1007/978-3-658-21464-7_1

1.1   Status quo des Direktmarketings

Definitionen bieten einen Überblick zu den Zielsetzungen des Direktmarketings. Wir schauen uns zwei maßgebliche Definitionen an:

▶ **Direktmarketing** „Direct Marketing umfasst sämtliche Kommunikationsmaßnahmen, die darauf ausgerichtet sind, durch eine gezielte Einzelansprache einen direkten Kontakt zum Adressaten herzustellen und einen unmittelbaren Dialog zu initiieren oder durch eine direkte Ansprache die Grundlage eines Dialoges in einer zweiten Stufe zu legen, um Kommunikations- und Vertriebsziele eines Unternehmens zu erreichen." (Bruhn 2015, S. 403).

▶ **Direktkommunikation** „Unter Direktkommunikation werden alle kommunikativen Aktivitäten verstanden, die der Anbahnung und Aufrechterhaltung einer direkten, personalisierten Interaktion mit aktuellen und potenziellen Kunden dienen. […] Zu den wichtigsten Zielen, die mit der Direktkommunikation verfolgt werden, gehört neben der Gewinnung von Neukunden die intensivere Betreuung der aktuellen Kunden" (Meffert et al. 2015, S. 666).

Als Zielsetzungen für Direktmarketing mit Printmedien lassen sich identifizieren:

- Kontaktaufbau und verkaufender Kundenkontakt
- Möglichst in einer 1:1-Situation
- Vielfältige Anwendungsmöglichkeiten, zum Beispiel für Neukundengewinnung, Erstansprache bei mehrstufiger Kundenakquise, Kundenbindung, Cross- und Up-Selling, Kündigungsprävention etc.

Weitere Zielsetzungen und Aspekte rücken Direktmarketing noch stärker in den Fokus der Marketingaktivitäten:

- Funktioniert B2C, B2B und B2A: Direktmarketing kann für alle Kundengruppen im Privat-, Geschäfts- und öffentlichen Umfeld eingesetzt werden
- Die Verknüpfung mit konkreten Handlungsaufforderungen und Interaktionsmöglichkeiten schafft einen verkaufenden Dialog
- Direktmarketing ist schnell, vergleichsweise günstig umzusetzen und passt bei jeglicher Unternehmensform, -größe und -branche

Direktmarketing ist keine neue Fachdisziplin. Im 19. Jahrhundert begannen Unternehmen, Kunden anzuschreiben, um sie mit neuesten Informationen zum eigenen Angebot zu versorgen. In den USA wurde mit dieser Kommunikationsform der Versandhandel begründet. Die nach Westen ziehenden Siedler versorgten sich mit Waren aus Katalogen, weitere Handelsformen wie der Gemischtwarenhandel konnten erst nach und nach in neu besiedelten Regionen Fuß fassen. Direktmarketing mit Briefen (über Postkutschen versendet) war der verkaufende Kundenkontakt – der Vorläufer heutiger E-Mail-Newsletter.

Im deutschsprachigen Raum etablierten sich Versandhäuser maßgeblich nach Ende des Ersten Weltkriegs und verstärkt auch in den 50er- und 60er-Jahren des letzten Jahrtausends. Auch hier war Direktmarketing mit Briefen eine der maßgeblichen Werbungsformen, um den Katalogverkauf zu unterstützen. Der 1:1-Kundenkontakt mit einer möglichst persönlichen Kundenansprache war das Erfolgsrezept der großen Versandhausdynastien Quelle, Neckermann und Otto (vgl. Kloss 2012, S. 511).

Mit Beginn des digitalen Wandels ab dem Ende der 1990er Jahre kam mit der E-Mail ein neues Kommunikationsinstrument auf. Viele Argumente, wie bspw. die vergleichsweise kostengünstige Versendung von E-Mails und auch Schnelligkeit und Nachvollziehbarkeit der Erfolge, haben die elektronische Versendung von Werbebriefen in den Fokus der Direktmarketingaktivitäten rücken lassen. Durch die dann stark zunehmende Nutzung elektronischer Werbemails entsteht jedoch zunehmend Reaktanz und eine Abwehrhaltung vieler Kunden. Und hier öffnet sich ein neues Fenster für Direktmarketing mit Printmedien, da diese als Besonderheit von Unternehmen und Kunden wieder neu entdeckt wurden.

Maßgebliche Aspekte sprechen heute für Direktmarketing mit Printmedien:

Stabile Erfolgsquoten
Erfolgsquoten von Printanstößen sind auch in Zeiten des digitalen Wandels nur geringfügig schwächer geworden, mit einer verhältnismäßig geringeren Auflage im Vergleich zu digitalen Anstößen kann ein relativ gesehen größerer Erfolg erzielt werden.

Wertschätzung für und durch die Kunden
Kunden erfahren eine haptisch spürbare Wertschätzung, da sie eine hochwertige Werbung durch ein Printmedium erhalten. Gezielte Verwendung von hochwertigen Papieren und Druckverfahren stellt ein Erlebnis für den Kunden dar. Dies zeigt sich klar im direkten Vergleich mit elektronischen Werbemedien wie E-Mail oder Newslettern.

Vielfältige Erscheinungsformen in der Umsetzung möglich
Printmailings sind ein variables Instrument, das in unterschiedlichsten Erscheinungsformen eingesetzt wird. Die Papierqualität kann sich unterscheiden, die Zusammenstellung der verschiedenen Elemente des Mailings können angepasst werden oder auch die Versandart kann variabel gewählt werden. Dies ist eine deutlich größere Vielfalt, als dies bei bspw. Newslettern möglich ist.

Markenaufbau mit Print
Printmedien eignen sich hervorragend, um beim Kunden einen wiederkehrenden Kontakt mit der Marke zu erzielen. Die Öffnung eines Briefs ist deutlich kontaktintensiver als das Lesen eines Online-Newsletters. Die regelmäßige Präsenz beim Kunden in Printform eignet sich daher, um sich aktiv in Erinnerung zu rufen und eine positivere Markenwahrnehmung zu erzielen.

Low-Tech-Umsetzung möglich
Der Einsatz von Printmailings ist bei kleineren Auflagen i. d. R. ohne den Einsatz von aufwendiger Technik umsetzbar. Klassische Bürosoftware bringt alle Funktionen mit, mit deren Hilfe man kleinere Aktivitäten im Printumfeld umsetzen kann. Dadurch können sich Printmailings in den angemessenen Zielgruppen mit einer passenden Kosten-Nutzen-Relation etablieren. Werden Auflagen größer und Konfektionierungen der Bestandteile umfang- und variantenreicher, ist dann eine entsprechende technische Infrastruktur notwendig.

Geschwindigkeit der Umsetzung
Direktmarketing mit Printmedien ist kurzfristig umsetzbar. Kunden können tagesaktuell angesprochen werden, und die Reaktionen der Kunden erfolgen i. d. R. unmittelbar. Auch digitale Instrumente ermöglichen eine unmittelbare Anpassung der Anstöße, jedoch ist bei einer Integration der digitalen Anstöße in übergeordnete Systeme eine Anpassung von zum Beispiel Landingpages, Seitenstrukturen und Trackingfunktionalitäten notwendig, was zu zeitlichem Mehraufwand führt.

Zustellung ohne vorherige Genehmigung des Adressaten möglich
Direktmarketing mit Printmedien ist der einzige direkte Kontakt, der im Direktmarketing ohne eine vorher von Kunden oder potenziellen Kunden explizit zu erteilende Opt-in-Genehmigung möglich ist. Der Werbeanstoß verursacht den Kunden keine Kosten und stellt auch keine unverhältnismäßige Belastung seines Lebensalltags dar (siehe dazu auch Abschn. 4.2).

Geringe Reaktanz

Die Abwehrhaltung gegenüber Direktmarketing mit Printmedien ist deutlich geringer als bei digitalen Direktwerbemedien, Kunden akzeptieren die regelmäßige Werbung über Print.

Standardinstrument für B2B-Ansprache

Als letztes Argument soll die zentrale Bedeutung für die Geschäftskundenansprache herausgestellt werden: Bei vergleichsweise geringen Kundenzahlen und einer stark auf Inhalte ausgerichteten Kommunikation ist Direktmarketing mit Print das in vielen Fällen wichtigste Werbeinstrument.

1.2 Zieldimensionen für erfolgreiches Direktmarketing

Direktmarketing mit Printmedien beginnt mit einer Definition der Zielsetzung. Unter den Zielen, die Marketing und Kommunikation haben können, stehen die folgenden für Direktmarketing im Vordergrund (vgl. dazu u. a. Geller 1997, S. 126; Winkelmann 2010, S. 459; Tropp 2014, S. 446):

- Absatzsteigerung
- Umsatzsteigerung
- Neukundenansprache und -gewinnung
- Kundenbindung mit Cross- und Up-Selling
- Kundenrückgewinnung
- Aufbau einer Kundendatenbank
- Kunden besser kennenlernen
- Entwicklung und Pflege eines interaktiven Kundendialogs

An der Entwicklung des Direktmarketings kann man festmachen, dass die Absatz- und Umsatzzielsetzung die klassische Orientierung des Direktmarketings ist (siehe dazu Abschn. 1.1). Der 1:1-Kundendialog eignet sich gut, um Leistungen anzubieten. Eine genaue Kundenselektion und Individualisierung der Ansprache erzielt hohe Erfolgsquoten und wird als Werbung von Kunden akzeptiert. Werbung durch breit streuende Instrumente wie zum Beispiel TV oder Radio verliert an Bedeutung.

Der individuelle Kundenkontakt wird deutlich relevanter und ist einer der wichtigsten Absatzhebel, den Unternehmen besitzen. Diese Entwicklung zeigt sich sowohl im Privatkundenumfeld (B2C) wie auch bei Geschäftskunden (B2B).

In der B2B-Ansprache ist die Bedeutung von Direktmarketing dabei noch größer als im Privatkundenumfeld, da B2B-Kommunikation kleinere Kundenanzahlen erreichen muss, dafür aber eine inhaltsreichere Kommunikation notwendig ist. Im Geschäftskundenumfeld B2B erhalten Kunden über ein Mailing maßgebliche Informationen zu Produkt und Unternehmen. Vielfach wird in einer zweiten Direktmarketingstufe dem postalischen Mailing dann telefonisch nachgefasst. Aber auch einstufige Aktionen oder eine konzertierte Mehrstufigkeit kommen hier zur Anwendung. Mehrstufigkeit beschreibt dabei die Aneinanderreihung verschiedener Anstöße – hier zum Beispiel Mailing, Katalogzusendungen, E-Mail und Telefonate.

Zweiter großer Zielbereich ist der Aufbau und die Pflege der eigenen Kundenbasis. Nutz- und ansprechbare Kundendaten stellen einen zentralen Unternehmenswert dar. Sie sind die Grundlage für zukünftige Absätze und Umsätze. Direktmarketing hilft beim Kennenlernen der Kunden, beim Anreichern der Kundenkontaktpunkte und bei einer zielgerichteten Betreuung der Kunden. Die gute und stabile Kundenbasis wird durch Direktmarketing immer wieder kontaktiert.

Als dritter Zielbereich ist die Neukundengewinnung ein wichtiges Feld für Direktmarketing. Unternehmen müssen neue Kunden akquirieren, da der Kundenstamm über die Zeit sinkt. Kunden benötigen die Produkte und Leistungen nicht mehr, unzufriedene Kunden suchen sich neue Anbieter, und eine relevante

Tab. 1.1 Ausprägungen des Direktmarketings

Art	Zielsetzung und Beschreibung
Aktionistisches Direktmarketing	Zielsetzung ist die Umsatzsteigerung, Einsatz von Verkaufshebeln, klassischste Form des Direktmarketings
Fokussiertes Direktmarketing	Weiter gefasste Zielsetzungen im unternehmerischen Kontext, sehr individuelle Ausrichtung und Ausgestaltung
Eventorientiertes Direktmarketing	An der Vermarktung von Veranstaltungen orientiert, Anpassung des Charakters je nach zeitlichem Abstand zum Event von informierend bis hin zu verkaufend
Kreatives Direktmarketing	Steigerung der Markenbekanntheit, Nutzung des vollen Spektrums der Gestaltung
Passives Direktmarketing	Zielsetzung ist die Aufrechterhaltung des Kundenkontakts, keine explizite Reaktion des Angeschriebenen erwartet

Umsatzsteigerung lässt sich i. d. R. nur über eine ausreichende Anzahl an Neukunden realisieren. Direktmarketing ist dabei eines der bevorzugten Instrumente,
da die positive Kosten-Nutzen-Betrachtung und das unmittelbare Feedback zu
den Angeboten eine zielgerichtete Planung und Entwicklung von Neukunden
unterstützt.

Tab. 1.1 zeigt eine Übersicht über die Ausprägungen des Direktmarketings.

Regeln für gutes Direktmarketing mit Printmedien

2

▶ Direktmarketing funktioniert nach etablierten Regeln und Erfahrungs-
werten – wenn Sie diese umsetzen, steht Ihrem Erfolg mit einer Direktmarketingaktion nichts mehr im Weg.

Erfolgreiches Direktmarketing orientiert sich an vergleichsweise einfachen
Regeln. Die Regeln selbst sind aber noch kein Erfolgsgarant, die kreative Idee
und die gestalterische Umsetzung besitzen neben „technischen" Regeln eine her-
ausgehobene Bedeutung für den Erfolg.

Folgende grundlegende Regeln beschreiben den Einsatz von Direktmarketing
mit Printmedien:

Anlassbezug
Was ist der konkrete Grund, aus dem der Kunde mit Direktmarketing angesprochen wird (vgl. Kuhlmann 2001, S. 241)? Es existieren viele unterschiedliche
Zeitpunkte und Anlässe, zu denen Direktmarketing den Dialog führen kann. Je
mehr passende Anlässe identifiziert werden können, desto besser kann mit Direktmarketing das schriftliche Kundengespräch geführt werden.

Nutzenbezug
Jede Kommunikation muss für den Empfänger einen Nutzen haben. Dies können Informationen zu den Angeboten und Produkten oder auch andere Nutzwerte
sein. Bei einer hohen Kontaktfrequenz sind weitere Nutzenaspekte abseits von
Angeboten und Kaufanreizen notwendig, um den Kunden immer wieder neu zu
kontaktieren.

© Springer Fachmedien Wiesbaden GmbH, ein Teil von Springer Nature 2018   9
T. Spandl und W. Plötz, *Direktmarketing mit Printmedien*, essentials,
https://doi.org/10.1007/978-3-658-21464-7_2

Einzigartigkeit
Der Empfänger muss das Printmailing bewusst wahrnehmen. Print bietet als Medium gute Möglichkeiten, sich abzuheben. Print ist heute eine Besonderheit, die, wenn sie gut und kreativ umgesetzt wird, auffallend anders als andere Werbungen den Kunden erreicht.

Erinnerungsqualität
Wenn Werbung beim Kunden in Erinnerung bleibt, bestehen Chancen, einen relevanten Werbeerfolg zu erzielen. Printmailings können den Übergang einer Werbung vom Kurz- in das Mittel- und Langzeitgedächtnis stark beeinflussen, insbesondere wenn sie individuell adressiert sind.

Reaktionshebel und Response-Elemente
Erfolgreiche Direktmarketingkampagnen integrieren spezifische Elemente, mit denen angeschriebene Kunden direkt und unmittelbar reagieren können. Wenn diese Elemente mit verkaufenden Anreizen kombiniert werden, entstehen reaktionsstarke Werbemittel.

Aufbewahrungswürdigkeit
Ein aufwendig gestaltetes und hochwertig produziertes Mailing wird nicht so einfach weggeworfen. Neben der Gestaltung können auch spezifische Inhalte für Kunden so werthaltig sein, dass die Werbebotschaft aufgehoben wird, um sie zu einem späteren Zeitpunkt zu verwenden.

Regelmäßigkeit
Marketing und Werbung wirken besser, je öfter die Anstöße gesetzt werden. Kunden lernen den Absender, das Unternehmen und die Produkte kennen.

▶   **Tipp** Eine regelmäßige Werbung steigert die Markenbekanntheit deutlich. Die entstehende Vertrautheit lässt die Werbung zusätzlich positiver erscheinen. In der Psychologie wird dies als Mere-Exposure-Effekt bezeichnet. Je öfter Menschen bestimmte Dinge wie bspw. Werbung sehen, desto besser wird die Werbebotschaft schlussendlich wahrgenommen.

Datenqualität und Rechtschreibung
Dialogmarketing benötigt eine hohe(Umsetzungs-)Qualität. Besondere Sorgfalt benötigen Anschrift, Anrede und weitere kundenspezifische Individualisierungen sowie die Rechtschreibung.

2.1 Auslöser der Direktmarketingaktion

Wie in Kap. 2 beschrieben, benötigt Direktmarketing einen Anlass. Diese Begründungen sind der Auslöser oder Trigger für Beginn oder Wiederaufnahme des Dialogs mit den Kunden. Also quasi der Startschuss für eine Direktmarketingaktion.

Aus Unternehmenssicht bietet sich eine Vielzahl von Auslösern oder Triggern an:

Unternehmerischer Auslöser/Entrepreneurial Trigger
Auslöser ist eine unternehmenseigene Zielsetzung. Alle vorher beschriebenen wirtschaftlichen Zielsetzungen können den Anstoß geben, eine Direktmarketingaktion zu starten. Beispielsweise haben die Quartalszahlen noch nicht die geplanten Umsatzzahlen erreicht. Eine Direktmarketingaktion mit Sonderangeboten für ausgewählte Kundengruppen soll weitere Umsätze mobilisieren.

Transaktionsbezogener Auslöser/Transactional Trigger
Eine Aktion des Kunden löst die Marketingaktion aus. So könnte zum Beispiel eine Bestellung die zukünftige Bewerbung des Kunden durch Direktmarketing auslösen. Hierbei entstehen dann auch „Regeln", wann Marketingaktionen gestartet werden. Diese können ein maßgebliches Element zur Automatisierung von Marketingaktivitäten darstellen.

Wiederkehrender Auslöser/Recurring Trigger
Wiederkehrende Ereignisse lösen Aktion aus. Dafür eignen sich allgemeine Ereignisse wie besondere Feiertage (Weihnachtsgrüße oder auch unternehmensspezifische Anlässe wie zum Beispiel Wartungsintervalle bei Maschinen etc.) oder besondere Jubiläen in der Kundenbeziehung (vor fünf Jahren erste Bestellung etc.).

Verhaltensbezogener Auslöser/Behavioral Trigger
Ein bestimmtes Verhalten, wie zum Beispiel mehrere Ereignisse in Reihenfolge, löst die Aktion aus.

▷ **Tipp** So einfach lassen sich Auslöser für Direktmarketing-Aktionen finden: Der Kunde hat sich mehrere Werbeprospekte und Produktinformationen bestellt → schon ist er für Direktmarketinganstöße qualifiziert.

Schwellenwert-Auslöser/Threshold Trigger
Handlungen müssen eine Schwelle überschreiten, dann werden Aktionen ausgelöst. Zum Beispiel kann das Erreichen eines Umsatzwertes die weitere Ansprache des Kunden durch Direktmarketing auslösen. Diesem Kunden werden auch in Zukunft zum Beispiel regelmäßig Kataloge zugesandt.
Die verschiedenen Auslöser sind Startzeitpunkte für Direktmarketingaktivitäten. Sie sind in der Unterscheidung zum klassischen Marketing relevant, da der Wechsel weg von einem allgemeinen Marketing hin zu einem 1:1-Dialog stattfindet.

2.2   Gestaltung

▶   Jetzt wird es konkret – so werden packende und funktionierende Mailings erstellt.

Die Gestaltung einer Direktmarketingmaßnahme ist ein wichtiger Erfolgsfaktor. Leider gibt es kein Patentrezept, denn (Text-)Gestaltung hat immer mit persönlichem Geschmack zu tun. Aber es gibt eine Reihe von Erkenntnissen, mit deren Hilfe erfolgreiche Mailings entwickelt und gestaltet werden.
Zentrale Regeln sind auf den folgenden Seiten zusammengestellt. Sie erfahren, wie man kreative Ideen entwickelt und wie diese Idee für Auge und Gehirn so aufbereitet wird, dass Empfänger sie optimal erfassen und verarbeiten.

▶   **Tipp** Konkret ist besser als kreativ. Machen Sie keine „L'art pour l'art". Es ist leider nicht so, dass Kunden jeden Tag in der Erwartung sind, Werbung von Ihnen zu bekommen, und sich die Zeit nehmen, die kreative Botschaft zu entschlüsseln.

Direktwerbung muss in den ersten Sekunden Aufmerksamkeit erregen. Dabei ist eine komplizierte Kreativ-Idee eher hinderlich. Die Faustregel: den konkreten Vorteil so sympathisch wie möglich kommunizieren – mehr muss Direktwerbung nicht leisten.

▶   „Ich bin überhaupt nicht kreativ!" Diesen Satz hört man in Seminaren oder von Kunden immer wieder. Zum Glück ist heute gesichert, dass das nicht stimmt. Denn jeder Mensch ist kreativ. Der eine mehr, der andere weniger. Dem einen fällt es leichter, kreativ zu sein, der andere braucht länger. So oder so: Kreativität lässt sich erlernen. Kreativität ist wie ein Muskel, der trainiert werden kann. Jeden Tag. Im täglichen Leben.

2.2.1 Die Top 11 Übungen für kreatives Training

Top 11? Ist nicht Top 10 normal? Stimmt! Aber bei „Kreativität" ist Normalität fehl am Platz. Man muss Regeln brechen, um Aufmerksamkeit zu gewinnen. Wer sich mit Werbung und Kreativität beschäftigt, muss anders denken. Die Aufgabe: Sichtweisen ändern und frisch an die Sache rangehen.

Daher zielen die Top 11 Übungen für kreatives Training genau darauf ab. Mit diesen „Elf" öffnet man die Kreativ-Synapsen des Gehirns. Um ganz genau zu sein: die Synapsen der rechten Gehirnhälfte. Denn dort sitzt das Zentrum für Kreativität.

Ein Sportler macht sich vor dem 100-Meter-Lauf warm. Ein Musiker spielt sich ein, bevor er auf die Bühne geht. Ein Sänger lockert durch Übungen seine Stimmbänder. Und ein Kreativer schult sich durch Andersdenken.

Kreativitätstraining: So beginnt der Kreativmodus
Übung 1: Interesse entwickeln
Was sind die Trends? Über welche Witze lachen Menschen? Was läuft im Kino? Zeigen Sie Interesse an Dingen, die das Leben neben Ihrem Beruf ausmachen. Inspirieren Sie Ihr Gehirn mit Anregungen, und Sie trainieren ganz automatisch Ihre kreativen Sinne. Kreation braucht Anregungen von außen. Richten Sie sich nicht im Alltag ein, sondern gucken Sie über den berühmten Tellerrand.

> **Tipp** Denken Sie modern. Bleiben Sie dem Zeitgeist auf der Spur. Lüften Sie Ihren Geist, machen Sie in Ihrem Kopf Platz für neue Gedanken, sobald Sie Ihr Büro verlassen. Seinen Gedanken freien Lauf zu lassen, ist ein Sprichwort – mit hohem Wahrheitsgehalt. Und übt das Kreativsein.

Übung 2: Neues testen
Fahren Sie mal einen anderen Weg zur Arbeit. Denn nur, wer neue Wege ausprobiert, entdeckt auch Neues. Die Perspektive wechselt. Probierfreude ist eine gute Ratgeberin für alle kreativen Prozesse. Wenn es möglich ist, lassen Sie Ihren Wagen auch mal stehen, und fahren Sie mit dem Fahrrad. Sie sind noch nie gejoggt? Dann probieren Sie es aus.

> **Tipp** Verabschieden Sie sich ab und zu von gewohnten Mechanismen. Scheren Sie aus. Lesen Sie auch mal GALA statt immer nur die F.A.Z., gucken Sie auch mal „Berlin Tag und Nacht" statt immer nur „Börse vor 8", um neue Eindrücke zu gewinnen.

Übung 3: Sparrings nutzen
Ein Hemmnis für Kreativität ist der Elfenbeinturm. Wer 16 h am Tag arbeitet, bekommt nicht mit, was sich im Leben vor der Bürotür so abspielt. Nur wer rausgeht, kann für Menschen Werbung machen.

> **Tipp** Verschanzen Sie sich nicht hinter Ihrem Schreibtisch. Holen Sie sich Anregungen von Freunden, die Sie treffen, und nutzen Sie das Potenzial Ihrer Mitarbeiter.

Übung 4: Publikumswirksam texten
Um zu wissen, was Ihrer Zielgruppe gefällt, müssen Sie sie kennen. Einen guten gesellschaftlichen Durchschnitt finden Sie in Bus und Bahn. Einsteigen – hinsetzen – Augen und Ohren spitzen:
Was lesen Ihre Mitfahrenden? Was passiert mit den Werbebeilagen, die aus den Zeitungen fallen? Unterscheidet sich das Verhalten morgens und abends? Haben Sie das Gefühl, dass Ihr Gegenüber abends für Ihre Werbung empfänglicher ist? Überlegen Sie sich, wie Sie die Leute jetzt ansprechen würden, um Ihr Produkt oder Ihre Dienstleistung „ganz direkt" vorzustellen.

> **Tipp** Halten Sie Kontakt zu Ihrer Zielgruppe. Versuchen Sie, sie so gut wie möglich zu verstehen. Denn Ihre Werbung soll nicht Ihnen gefallen, sondern Ihren Kunden oder denen, die Kunden werden sollen. Sie wissen schon: die Sache mit dem Wurm, dem Fisch und dem Angler.

Übung 5: Interaktionen suchen
Normalerweise sprechen Schreibtische nicht. Sie können stundenlang sitzen und Ideen aufschreiben. Da wird kein Feedback kommen. Viel besser ist, sich regelmäßig Feedback zu holen.
Kommunizieren Sie viel. So merken Sie, wie Sie und Ihre Art, über eine Sache zu sprechen, ankommen. Das können Sie auf Ihre Werbung übertragen. Machen Sie keine Alleingänge, sondern schwärmen Sie anderen von Ihrer Idee vor, in die Sie sich verliebt haben.
Verlieben sich andere auch in Ihre Idee oder ergibt sich im Team eine Idee, die noch schöner ist? Übrigens: Es gibt einfache Techniken, wie man im Team kreative Ideen findet und die man ganz einfach in den Berufsalltag einbauen kann. Wir stellen sie Ihnen in Abschn. 2.2.2 und Abschn. 2.2.3 vor.

Übung 6: Relevanz schaffen

Kreativität ist keine Kunstgattung, die völlig losgelöst von Relevanz ist. Dafür kostet sie zu viel Geld. Bauen Sie Werbung so auf, dass sie relevant für die Zielgruppe ist.

▶ **Tipp** Die Kunst des Direktmarketings ist, seine Botschaft so aufzubauen, dass sie hübsch verpackte Vorteile bietet. Machen Sie einen Test, zum Beispiel eine kleine Marktforschung. Das kann viel Geld sparen. Kommt die Werbung bei den Probanden an? Wird sie verstanden? Ist sie relevant? Das sollten Sie abklären und gegebenenfalls nachjustieren, bevor Sie mit Ihrer Aussendung rausgehen.

Übung 7: Anlässe kreieren

Werbung kommt für die Empfänger meistens überraschend. Der erste Blick muss Interesse wecken. Das können Sie ganz einfach üben, indem Sie sich für das private Umfeld Anlässe für Geschenke ausdenken!

Beim Schenken kann man die Kreativität wunderbar trainieren. Vor allem an Tagen, an denen niemand mit einem Geschenk rechnet, also jenseits von Weihnachten, Hochzeits- oder Geburtstagen. Überlegen Sie sich, wen Sie an welchem Tag mit einem Geschenk überraschen. Betten Sie das Geschenk in eine Geschichte ein, die Sie mit dem Beschenkten verbindet.

Je öfter Sie das machen, desto leichter wird es, Anlässe zu entwickeln. Diese Übung schult für die Entwicklung von Ideen für Ihre Direktmarketingkampagne.

▶ **Tipp** Behandeln Sie die Aussendung Ihrer Werbung wie einen Geschenkanlass außerhalb der üblichen „Geschenktage". Denn Sie wollen die Empfänger ja mit einem Angebot überraschen, über das sie sich freuen. Überlegen Sie sich, wie die Verpackung aussehen soll, damit man sie öffnet. Wie muss die Geschichte erzählt werden, damit der Empfänger versteht, warum gerade er diese Post bekommt?

Übung 8: Tageszeitungen lesen

Eine sehr einfache, aber sehr wirkungsvolle Übung. Gedruckte Zeitungen sind nicht old school, sondern good old school für Ihr Kreativitätstraining. Redakteure versuchen, durch aussagekräftige und interessante Schlagzeilen die Aufmerksamkeit der Leser zu gewinnen.

Wie sind die Texte aufgebaut? Was interessiert Sie? Auf welche Headlines springen Sie an? Testen Sie Ihr Leseverhalten und übertragen Sie es auf Ihre Art zu schreiben.

▷ **Tipp** Reduzieren Sie sich auf das Wesentliche. Schweifen Sie nicht ab, sondern führen Sie stringent durch Ihr Mailing, Ihre Beilage oder Ihre E-Mail. Viele weitere Anregungen zu diesem Punkt finden Sie in Abschn. 2.2.4.

Übung 9: Individualität herausarbeiten

Ihre Werbung darf nicht so sein wie die Werbung Ihres schärfsten Konkurrenten. Überlegen Sie deshalb genau, was sie unterscheidet. Wo sind Sie besser? Oder günstiger? Oder schneller? Oder in einem Satz: Welche individuellen Stärken hat Ihr Unternehmen?

Sie können das trainieren, indem Sie individuelle Briefe an Ihre Kinder und/oder Enkel schreiben. Verschicken Sie auch wieder Urlaubskarten oder kreative Einladungen an Freunde.

▷ **Tipp** Entwickeln Sie Freude am Formulieren Ihres USPs (Unique Selling Proposition). In Zeiten von Kurznachrichten verlernen wir das Schreiben langer Texte. Direktmarketing lebt aber von langen, überzeugenden Texten. Die Kunst ist, so zu formulieren, dass der Empfänger am Ende aktiv wird. Im Idealfall mit einer Bestellung.

Übung 10: O_2-Zufuhr erhöhen

Aus Erfahrung weiß man: Sauerstoff belebt die Kreativität. Schon auf einer kleinen Joggingrunde oder einem Waldspaziergang können viele Ideen entstehen. Es ist verblüffend: Am Schreibtisch waren Sie müde und einfallslos. Beim Laufen erwachen die Sinne. Stehen Sie öfter mal auf und laufen Sie durch Ihr Büro. Auch das hilft bereits!

▷ **Tipp** Bleiben Sie in Bewegung. Dann bleibt auch Ihr Geist in Bewegung. Längst ist es in Agenturen üblich, den Kreativen freie Wahl zu lassen, wo sie arbeiten. Das kann im Büro sein. Muss aber nicht. Zehn Minuten durch den Park zu gehen, kann mehr bringen, als zwei Stunden vor dem Bildschirm zu sitzen. Nehmen Sie sich diesen kreativen Freiraum!

Übung 11: Nähkästchen öffnen

Hand aufs Herz: Es gibt immer mehr Mee-to-Produkte. Und auch viele Dienstleistungen bekommt man bei mehr als nur einen Anbieter. Umso wichtiger ist es, „seine Story" so lebendig wie möglich zu erzählen. Der Marketing-Fachbegriff dafür lautet „Storytelling" oder „Content-Marketing". Je überzeugender die Geschichte oder der Inhalt ist, desto stärker identifizieren sich die Menschen mit einem Unternehmen/einer Marke.

▶ **Tipp** Beschreiben Sie Ihr Angebot so frisch wie möglich. Öffnen Sie das Nähkästchen und betten Sie Ihr Angebot in eine Story ein, die so nur Sie erzählen können. Das macht Ihre Aussendung sympathisch und persönlich. Authentische Inhalte sind einer der stärksten Erfolgsgaranten im Direktmarketing.

Top 11 Übungen in der Übersicht:
Die elf Anfangsbuchstaben der Übungen ergeben das Wort:

▶ I – N – S – P – I – R – A – T – I – O – N.

In Inspiration mündet alles. Der Übungsplan hat deshalb das Ziel, zu inspirieren. Nur wer selbst inspiriert ist, kann seine Zielgruppe inspirieren. Tab. 2.1 zeigt die Übungen, deren Anwendung und Umsetzung in der Übersicht.

Tab. 2.1 Top 11 Übungen in der Anwendung und Umsetzung

Trainingsplan	Ziel	Ergebnis
Übung 1: Interesse zeigen	Trends kennen	Texte am Puls der Zeit
Übung 2: Neues testen	Wiederholungen vermeiden	Überraschende Ideen
Übung 3: Sparrings nutzen	Subjektivität ausschließen	Höhere Treffer-Chance
Übung 4: Publikumswirksam texten	Zielgruppengerechte Kommunikation	Höhere Zufriedenheit und Response-Quote
Übung 5: Interaktionen suchen	Feedback einholen	Verbesserung von Ideen
Übung 6: Relevanz schaffen	Höheres Involvement der Zielgruppe	Auslösen von Reaktionen
Übung 7: Anlässe kreieren	Beliebigkeit vermeiden	Erhöhte Aufmerksamkeit
Übung 8: Tageszeitungen lesen	Stringenz der Texte erhöhen	Gute Lesbarkeit
Übung 9: Individualität herausarbeiten	Unverwechselbar machen	Eigener Unternehmensstil
Übung 10: O_2-Zufuhr erhöhen	Gehirnzellen lüften	Schnellere Ideenfindung
Übung 11: Nähkästchen öffnen	Unternehmens-Story erzählen	Höhere Identifikation der Zielgruppe

▶ **Tipp** Nehmen wir mal an: Sie wollen Werbung für eine LP machen. LPs sind ja wieder in. Schließen Sie die Augen, und gehen Sie im Geiste Ihre Wohnung durch. Wo befinden sich darin Dinge, die – wie die LP – ebenfalls rund sind? Schauen Sie auf die elf Trainingsschritte. Schreiben Sie die jetzt entstehenden Impulse jeglicher Art auf und versuchen Sie, daraus eine Idee zu entwickeln.

Sicherlich befindet sich ein runder Teller in Ihrer Wohnung. Eine Idee könnte also sein, mit dem Wort Platten-Teller zu spielen, etwa: Musik für alle, die auch mal über den Tellerrand hören.

Ohne diese Übung wären Sie womöglich nie darauf gekommen, Ihre neue Musik mit einem (Platten-)Teller zu verbinden.

Der Gegen-Check
Uwe Neumann, langjähriger Cheftexter in Werbeagenturen, und Thomas Nagel, ein ausgewiesener Direktmarketingspezialist, haben zehn Regeln für gute Texte aufgestellt (vgl. Neumann und Nagel 2001, S. 82 f.). Der Gegen-Check: Helfen die elf Inspirationsübungen, um gute Texte im Sinne von Neumann und Nagel zu schreiben? Die Antwort finden Sie in Tab. 2.2.

Fehlt nur Übung 10: O_2-Zufuhr erhöhen. Sie läuft sozusagen außer Konkurrenz mit und hilft übergreifend, gute Texte zu schreiben oder gute Ideen zu haben.

So gewappnet fällt es leichter, sich auf Kreativtechniken einzulassen. Sie bieten sich an, wenn schnell und in kleinen oder großen Gruppen eine kreative Idee gefunden werden muss (vgl. dazu u. a. Schnetzler 2004, S. 21 ff.; Meyer-Grashorn 2004, S. 129 ff.).

2.2.2 Die Brainstorming-Methode

Brainstorming als Technik vorzustellen, ist wahrscheinlich fast nicht nötig. Nur kurz: als Gruppentechnik wird Brainstorming heute von kleinen und großen Gruppen für die Ideenfindung eingesetzt (vgl. Winkelmann 2010, S. 208). Vom Schulalltag bis hin zur Vorstandssitzung ist Brainstorming vertreten.

Brainstorming – Eignung
Brainstorming kann sehr vielfältig und in unterschiedlichsten Situationen eingesetzt werden, als Kreativitätstechnik hilft sie bei der Entwicklung und Identifizierung neuer und innovativer Lösungen.

Tab. 2.2   Gegen-Check: Zehn Regeln für gute Texte – elf Inspirationsübungen

Regel für gute Texte	Inspirationsübung
Ein Text muss lebendig sein, muss den Leser mitreißen	Übung 2: Neues testen, denn Neues ist überraschend und reißt mit
Ein guter Text muss folgerichtig und logisch sein	Übung 8: Tageszeitungen lesen, denn Journalisten schreiben logisch
Ein guter Text muss konkret sein	Übung 6: Relevanz schaffen, denn es gibt nichts Konkreteres als Relevanz
Ein guter Text muss bildhaft sein	Übung 1: Interesse am Zeitgeist zeigen, denn Trends sind immer bildhaft
Ein guter Text muss verständlich sein	Übung 5: Interaktionen suchen, denn in der Interaktion werden Verständnislücken aufgedeckt
Ein guter Text muss sympathisch sein	Übung 9: Individualität herausarbeiten, denn ein individueller Stil ist sympathischer als eine Worthülse
Ein guter Text muss überzeugend sein	Übung 3: Sparrings nutzen, denn wer diese nicht überzeugt, überzeugt auch nicht die Zielgruppe
Ein guter Text muss glaubwürdig sein	Übung 11: Nähkästchen öffnen, denn darin befinden sich glaubwürdige Stories
Ein guter Text muss einfühlsam sein	Übung 7: Anlässe kreieren, denn nur wer die richtigen Anlässe identifiziert, fühlt sich in die Zielgruppe ein
Ein guter Text muss zu seinem „Absender" passen	Übung 4: Publikumswirksam texten, denn nur wer seine Zielgruppe kennt, kennt auch deren Wünsche

Brainstorming – Wie es funktioniert

Brainstorming funktioniert für Herausforderungen, Probleme und Aufgaben geringer Schwierigkeit. Brainstorming lässt sich auch als Einstiegstechnik mit anderen Kreativitätstechniken kombinieren.

Auftakt Ein Moderator stellt die Aufgabe vor und legt die Regeln der folgenden Sitzung fest. Zentral ist dabei eine Zeitvorgabe, damit der kreative Prozess strukturiert wird und ein definiertes Ende findet.

Brainstorming-Session Der Hauptteil der Zeit des Brainstormings ist der Ideenfindung vorbehalten. Jede Idee wird aufgeschrieben, und das gegenseitige Inspirieren ist gewünscht. So entsteht in der festgelegten Zeit eine Vielzahl an Lösungen zur Aufgabenstellung.

Die wichtigsten Regeln

- Keine Kritik an anderen Beiträgen, Ideen und Lösungsvorschlägen
- Überhaupt keine Kritik während der Ideenfindung
- Auch unmögliche Ideen aussprechen
- Ideen anderer aufgreifen
- Befangenheit verdrängen
- Je kühner und fantasievoller die Ideen, desto besser ist das Brainstorming
- Keine Angst vor Blamage

2.2.3 Die World-Café-Methode

Diese Technik ist gut geeignet, gemeinsam Ideen zu entwickeln. Ihr Vorteil: Sie findet in aufgelockerter Atmosphäre statt. Ab einer Gruppengröße von ca. zwölf Personen ist das World Café gut zu nutzen, nach oben haben die Gruppengrößen nahezu keine Beschränkung.

World Café – Eignung
Das World Café arbeitet verschiedene Sichtweisen zu einem Thema heraus. Es fördert die Zusammenarbeit und bringt nach vergleichsweise kurzer Zeit einen ganzheitlichen Blick aufs Papier.

World Café – Wie es funktioniert
Vier bis fünf Gruppen werden aufgeteilt, so viele Tische werden benötigt. Je ein Moderator erhält die Hoheit über einen Tisch, an dem er dann bleibt. Auf den Tischen liegt eine beschreibbare Tischdecke (zum Beispiel Flipchart-Papier). In der Mitte jeder Tischdecke steht ein Begriff, welcher zur Themenstellung passt (vgl. Meyerhoff und Brühl 2017, S. 104 f.).

Jeder Teilnehmer schreibt nun auf die Tischdecke weitere Begriffe oder Sätze, die ihm zu dem Wort bzw. zur Themenstellung in der Tischmitte einfallen. Nach fünf bis zehn Minuten wechseln die Gruppen (außer der Moderator) zum jeweils nächsten Tisch.

Der Moderator erklärt den „Neuankömmlingen", welche Gedanken bereits zu dem Thema zu Papier gebracht wurden, und die neue Gruppe knüpft an die Gedanken an, ergänzt, präzisiert etc.

Nach und nach gehen alle Gruppen an alle Tische. Dadurch ergibt sich ein unglaubliches Spektrum an Beiträgen.

Beispiel: World Café

Ein Beispiel für eine Aufgabe, für die sich die World-Café-Methode eignet, ist die Entwicklung von Mailing-Ideen für B2B-Kunden. Themen auf den Tischen können sein „Nutzen für Kunden", „Verkaufsaktion zum Mailing", „Wie fällt das Mailing auf?" „Abgrenzung von der Konkurrenz".

Abschließend stellen die Moderatoren „ihre Tischdecken" dem Plenum vor. Gemeinsam arbeitet man nun den kreativen Kerngedanken heraus, mit dem sich alle identifizieren können.

▶ **Tipp** In Pricken (2010) findet sich eine Fülle an Anregungen, Techniken etc., wie man zu kreativen Ideen kommt. Die Übungen lassen sich leicht in den Arbeitsalltag einbauen, für manche brauchen Sie nur wenige Minuten.

Die systematische Analyse von mehr als 270 preisgekrönten Kampagnen aus aller Welt macht zudem die Denkstrategien von Werbern und Designern verständlich und nachvollziehbar (siehe auch www.mariopricken.com).

2.2.4 Die Dialogmethode nach Professor Siegfried Vögele

▶ Nach Lektüre dieses Abschnittes kennen Sie die wichtigsten Elemente eines Mailings.

Professor Siegfried Vögele war bis zu seinem Tod 2014 die zentrale Person des deutschsprachigen Direktmarketings und Begründer der Dialogmethode. Er war international gefragter Forscher, Lehrer und Trainer im Direktmarketing.

1990 entstand mit seiner Hilfe das „Deutsche Forschungszentrum für Direktmarketing" am Lehrstuhl für Wirtschaftspsychologie der Universität München, später das Siegfried-Vögele-Institut in Königstein/Taunus bei Frankfurt.

Seine Seminare zur Dialog-Methode, sein Buch und sein Lehrfilm über das Leseverhalten, aufgezeichnet mit der von ihm entwickelten Augenkamera, prägen bis heute das Wissen der Branche. Sein Geist lebt weiter, das Institut wird mittlerweile von der Deutschen Post AG geführt. Weitere Informationen und Hintergrundwissen findet man in Vögele (2003) und unter www.sv-institut.de.

Die Dialogmethode von Professor Vögele
Sie beginnt am Briefkasten der Menschen. An dem Ort, an dem die Botschaft der Direktwerbung auf den Empfänger trifft. Die Menschen erwarten Post. Aber sie warten nicht auf Werbung. Deshalb ist jedes Mailing unwiderruflich Wegwerfwellen ausgesetzt. Vier Wegwerfwellen bedrohen jedes Mailing (siehe Abb. 2.1):

- **Erste Wegwerfwelle:** 50 % steigen direkt am Briefkasten aus. Nach höchstens 20 Sekunden landet Werbepost im Mülleimer.
- **Zweite Wegwerfwelle:** Empfänger sind in der Wohnung angekommen. Erster Überblick: 20 bis 30 % der Werbesendungen werden direkt aussortiert.
- **Dritte Wegwerfwelle:** ins Archiv gepackt, da latent Interesse besteht. 20 % davon landen später trotzdem im Papierkorb.
- **Vierte Wegwerfwelle:** zur Seite legen, da man keine Zeit hat, die Post zu lesen. Auch die letzte Wegwerfwelle trifft viele Aussendungen.

▶ **Tipp** Gutes Dialogmarketing ist wie ein erfolgreiches Verkaufsgespräch und erhält das Interesse des Kunden aufrecht.

Abb. 2.1 Wegwerfwellen in der Übersicht. (Quelle: eigene Darstellung)

Dialogmarketing ist nach Professor Siegfried Vögele ein Verkaufsgespräch in schriftlicher Form. Der Unterschied: Empfänger können keine direkten Fragen stellen, deshalb muss man seine Werbeaussendung so aufbauen, dass die Fragen des Lesers schon beantwortet werden, bevor er sie selbst formuliert hat.

Während sich der Empfänger mit Ihrem Mailing beschäftigt, tauchen Fragen auf. Sie gemäß den Erwartungen zu beantworten – das ist die Grundvoraussetzung für erfolgreiches Dialogmarketing.

Die Dialogmethode unterscheidet deshalb beim Aufbau des schriftlichen Dialogs zwischen zwei Dialogen: dem „1. Dialog mit dem Papier" und dem „2. Dialog – das Lesen".

1. Dialog mit dem Papier

Im „1. Dialog mit dem Papier" tastet der Mensch zuerst die Gesamtfläche nach einigen Haltepunkten ab. Sind diese Haltepunkte für das Auge/Gehirn positiv, wird über das Weiterlesen entschieden. Dieses Leseverhalten ist universell und bei allen Lesern gleich.

▷ **Tipp** Signalisieren Sie Ihre attraktivsten Vorteile schon in den ersten (Milli-)Sekunden.

Eine zentrale Erkenntnis lautet: Niemand liest (Werbe-)Texte Wort für Wort. Zumindest nicht im 1. Dialog.

Die Funktionsweise des Gehirns ist eng mit dem Überlebenskampf verknüpft. Die Augen haben den Befehl, schnell abzuchecken, was für ein Signal ankommt. Es ist darauf trainiert, innerhalb von Sekunden zu entscheiden, ob das Signal von Vorteil – „sieht nach Essen aus" – oder Nachteil – „Säbelzahntiger greift an" – ist. Das passiert auch beim Erhalt eines Mailings.

Signalisieren Sie in Ihren Texten sofort die wichtigsten Vorteile. Überlegen Sie, was Ihr Produkt/Ihre Dienstleistung auszeichnet, welche Details sich von den Mitbewerbern unterscheiden – und zwar, bevor Sie die erste Zeile schreiben. Nur wenn dieser Einstieg in den 1. Dialog gelingt, für den Sie ca. zwei Sekunden pro Seite haben, werden Leser gewonnen, die tiefer in die Materie einsteigen.

▷ **Tipp** Zeigen Sie die größten Leser-Vorteile in Bildern, in bildähnlichen Elementen oder in Headlines!

Der natürliche und unveränderbare erste Blickverlauf ist der Hauptteil der psychologischen Grundlagen der Dialogmethode. Beim ersten Blickkontakt werden (noch) keine Texte gelesen. Zuerst wirken Bilder, bildähnliche Elemente oder einige wenige Wörter (Headlines).

Die rechte bildverarbeitende Hemisphäre des Gehirns ist aktiv. Sie kann nicht lesen im eigentlichen Sinne, sie „versteht" Bilder und einzelne Wörter. Menschen entscheiden zu diesem Zeitpunkt des Dialogs instinktiv, ob sich das Weiterlesen lohnt.

Innerhalb dieses Spektrums gibt es eine klare „Erkennungsreihenfolge": farbige Bilder vor schwarz-weißen, warme Farben vor kalten Farben, Menschen vor Produkten. Ein Test: bitte schauen Sie bei Abb. 2.2 nur auf das rechteckige Feld.

Haben Sie es bemerkt? Ihr Auge wurde automatisch auf den Kreis gelenkt. Dies hat mit unserer Entwicklungsgeschichte zu tun. Kreisform bedeutet „Gefahr", es könnte ein großer Stein sein, der auf unsere Vorfahren zugerollt kam. Ein Rechteck dagegen bedeutet „Stabilität".

Deshalb gilt: Wenn Sie grafische Elemente wie bspw. Hinweise und Störer verwenden, entscheiden Sie sich für eine runde Form. Sie zieht den Blick stärker an als ein eckiger Störer. Auch ein schräg gestellter eckiger Störer hat hohe Signalwirkung, denn das kann einen fallenden Baumstamm symbolisieren.

Erst nach den Bild-Elementen schaut der Mensch auf den Text, und zwar zuerst auf die Headlines. Erst zu diesem Zeitpunkt beginnt der Übergang vom Schauen und Abtasten hin zum Lesen und Reagieren.

2. Dialog – das Lesen

„Lesen" heißt, linear mit den Augen eine Zeile entlangzugehen und Silben zu Wörtern, Wörter zu Sätzen und Sätze zu Absätzen zusammenzusetzen. Dies ist die Domäne der verbalen Gehirn-Hemisphäre, der logischen, rechnenden, analysierenden Hemisphäre. Bei 90 % aller Menschen ist dies die linke Gehirnhälfte.

Signalisieren Sie Vorteile schon in den ersten Sekunden, indem Sie mit sogenannten Fixationen arbeiten. Fixationen sind Hervorhebungen, Headlines, Bilder etc., die das Auge sofort erkennen, verarbeiten und ans Gehirn weiterleiten kann.

▷   **Tipp** Die Faustregel: Nur wer die rechte Gehirnhälfte erreicht, kann auch die linke Gehirnhälfte aktivieren!

　So machen Sie es der **rechten** Gehirnhälfte leicht: Setzen Sie bis zu zehn Fixationen pro DIN-A-4-Seite!

Achtung: Blickverlaufs-Test! Blättern Sie um und versuchen Sie, sich nur auf das Rechteck, dass Sie sehen werden, zu konzentrieren! (Abb. 2.2)

Abb. 2.2 zeigt, wie sehr sich der Blickverlauf des menschlichen Auges von Formen leiten lässt. (Quelle: eigene Darstellung)

Wer Vorteile sofort sichtbar macht, gewinnt Leser. Und erst aus Lesern werden Reagierer. Das ist die psychologische Grundregel der Dialogmethode nach Professor Vögele und zugleich Grundlage für Gestaltung im Dialogmarketing.

Zehn Fixationen pro Seite sind möglich. Mehr geht nicht. Experimente mit der Augenkamera zeigen, dass das Auge die Seite von links oben nach rechts unten scannt.

Dabei kann sie bis zu zehn Fixationen erkennen, ohne dass die linke Gehirnhälfte eingeschaltet werden muss. Wichtige Vorteile müssen also von links oben nach rechts unten verteilt werden. Wenn diese Haltepunkte in der Mehrzahl ein Ja hervorrufen, liest der Empfänger weiter.

▷ **Tipp** So machen Sie es der **linken** Gehirnhälfte leicht: Ergänzen Sie jedes Bild und jede Headline mit einem Text-Block.

Wenn es uns gelingt, durch kurze Headlines, Bilder und andere positive Fixationen die rechte Gehirnhälfte zu aktivieren, ist im wahrsten Sinne des Wortes die Hälfte geschafft. Nun geht es darum, den „2. Dialog – das Lesen" – so positiv zu gestalten, dass am Ende die gewünschte Reaktion stattfindet.

Wenn die zehn Fixationen relevante Vorteile kommunizieren, ist die Bereitschaft zum Lesen da. Im Idealfall auch die Bereitschaft zum Reagieren. Deshalb gilt im Dialogmarketing: kein Bild ohne Headline und keine Headline ohne ergänzenden Textblock.

Direktmarketing mit Print muss in zwei Dialogen überzeugen. Der „1. Dialog mit dem Papier" muss haptisch oder visuell so interessant sein, dass der Leser hängen bleibt und mehr erfahren möchte. Danach folgt der „2. Dialog – das Lesen". Jetzt erst können die Inhalte überzeugen.

2.3   Der Aufbau eines Mailings

Im deutschsprachigen Umfeld hat die Dialogmethode von Professor Vögele die Gestaltung von Mailings maßgeblich geprägt. Seine Dialogmethode ist auch heute noch Ausgangspunkt der Entwicklung von Print-Direktmarketingaktionen. Die wesentlichen Aspekte eines erfolgreichen Mailings werden in den folgenden Abschnitten vorgestellt.

Jedes einzelne Element eines Mailings muss überzeugen. Dafür müssen die Teile des Mailings verschiedene Fragen ungefragt beantworten, sonst droht eine der in Abschn. 2.2.4 vorgestellten Wegwerfwellen.

Die Versandhülle
Arbeiten Sie mit kurzen Headlines, die sofort einen Vorteil erkennen lassen. Auf der Versandhülle muss es gelingen, die rechte Gehirnhälfte zu aktivieren. Welche Wörter erfolgversprechend sind, erfahren Sie in Abschn. 2.4 dieses *essentials*. Die unausgesprochenen Leserfragen in Bezug auf die Versandhülle sind Tab. 2.3 zu entnehmen.

Der Werbebrief
Die unausgesprochenen Leserfragen nach dem Öffnen eines Printmailings sind in Tab. 2.4 genannt.

Tab. 2.3 Leserfragen zur Versandhülle

Frage	Notwendige Antwort
Wer schreibt mich an?	Prominente Platzierung von Logo oder Absenderangaben
Was könnte mein Vorteil sein?	Knackige Vorstellung des wesentlichen Angebots, kurz und prägnant in kurzen Sätzen
Wie öffne ich das Anschreiben?	Klare visuelle Hinführung zum Öffnen

Tab. 2.4 Leserfragen zu Mailings

Frage	Notwendige Antwort
Wieso schreiben die an mich?	Hervorhebung von exklusiven Besonderheiten, die nur für den/die Angeschriebene(n) gelten
Warum heute?	Zeitbezug, gut auch mit zeitlicher Limitierung
Wer schreibt mir?	Absender mit Funktionsbeschreibung, um Glaubwürdigkeit zu vermitteln

Die Textgestaltung im Werbebrief Im Brief sollten nur wenige Bilder und wenige Headlines verwendet werden. Die Augen der Leser steuern zentrale Hervorhebungen an. Haltepunkte sollten möglichst über die ganze Brieffläche verteilt werden.

Die zehn Fixationen:

- Name
- Logo
- Adresse
- Headline
- Vier bis fünf Hervorhebungen
- Unterschrift mit Funktion

Wenn diese Haltepunkte in der Mehrzahl als Antwort ein „Ja" hervorrufen, liest der Empfänger weiter (Abb. 2.3).

> **Tipp** Das PS verliert an Bedeutung! Früher galt: Nach dem Überfliegen eines Briefs mit etwa zehn Fixationen beginnen etwa 90 % der Menschen mit dem Lesen beim PS. Erst danach wird der eigentliche Brieftext gelesen. Neueste Forschungen haben ergeben: Die nachwachsende Generation erkennt keinen Sinn mehr in einem PS, da man Punkte, die man vergessen hat, mühelos in den Brief kopieren kann.

Planen Sie für Werbebriefe maximal fünf bis sieben Zeilen pro Absatz. Werbung ist keine Prosa. Der Empfänger hebt sich das Mailing nicht für ruhige Stunden auf dem Sofa auf. Deshalb gilt: Was schnell lesbar ist, wird zuerst gelesen. Die Absatzlänge ist ein Signal für bequemes, einfaches und schnelles Lesen.

Verwenden Sie Hervorhebungen. Unterstreichungen sind für alle Zielgruppen gut, Fettgedrucktes wirkt noch einmal seriöser und ist deshalb auch im B2B-Bereich oder bei gehobenen Zielgruppen zu empfehlen.

Der Direktmarketingprospekt
Die unausgesprochenen Leserfragen zum Prospekt können Sie in Tab. 2.5 finden.

Textgestaltung im Direktmarketingprospekt Hier kommt ein Vergleich zum Zeitunglesen zum Einsatz. Redakteure packen das Wichtigste immer nach vorne, damit Leser die wichtigsten Informationen auch dann erfassen, wenn sie ihn nicht

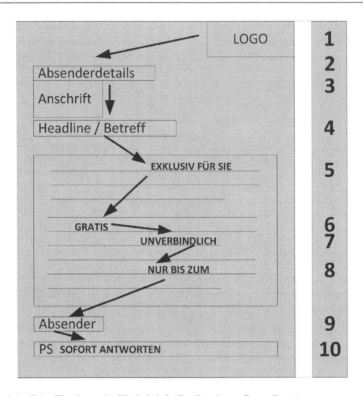

Abb. 2.3 Zehn Fixationen im Werbebrief. (Quelle: eigene Darstellung)

Tab. 2.5 Leserfragen zu Prospekten

Frage	Notwendige Antwort
Wie ist es um die Qualität bestellt?	Benennung von Qualitätsmerkmalen und Siegeln, Herkunftsbezeichnungen etc.
Wofür stehen das Unternehmen und der Absender?	Storytelling zum Unternehmen, siehe dazu auch die Übung „Nähkästchen" in Abschn. 2.2.1
Was ist das genaue Angebot?	Heben Sie das Angebot auch grafisch hervor, damit es gut ersichtlich ist
Ist das Preis-Leistungs-Verhältnis akzeptabel?	Klar kommunizieren, eigenes Preis-Label verwenden, Streichpreise suggerieren besonders günstige Preise für eine hochwertige Leistung

bis zu Ende lesen. Der Praxistipp: Ist ein Text zu lang – einfach von hinten weg-kürzen.

⫸ **Tipp** Was der Leser im Prospekt zuerst lesen soll, das packen Sie in die kürzesten Textblöcke.

Unter einer Headline sollten maximal drei Absätze stehen, danach sollten Sie wieder eine Headline oder eine Subline vorsehen. Weniger Nebensätze in den Textblöcken erhöhen die Zahl der Weiter-Leser!

Das visuelle Erscheinungsbild Ihrer Texte signalisiert den Schwierigkeitsgrad. Textblöcke mit vielen Kommata, Klammern, Gedankenstrichen etc. wirken schon beim ersten Überfliegen schwer lesbar. Positive Satzzeichen für das Gehirn sind Punkte. Ein Punkt signalisiert: kurze Lesepause.

Das Response-Element (Antwortkarte, Bestellformular, Vorteils-Coupon etc.)
Die unausgesprochenen Leserfragen zum Response-Element sind in Tab. 2.6 genannt, hier geht es um die Abschlussfragen.

Die Textgestaltung des Response-Elements Das Response-Element verträgt keine unklare Sprache. Eine Antwortkarte benötigt einen eindeutigen Namen, und der gehört in die Headline: Vorteils-Coupon, Antwortkarte, Bestellung o. ä.

Je schneller der Leser das Reaktionsmittel erkennt und die Bedeutung versteht, desto höher ist die Response-Quote. Auch wenn eine Response am häufigsten per Mail oder Telefon erfolgt – eine Antwortkarte signalisiert, dass eine Aktion mög-lich ist (vgl. Kuhlmann 2001, S. 241). Daher sollte Sie immer eine Antwortkarte

Tab. 2.6 Leserfragen zum Response-Element

Frage	Notwendige Antwort
Wie kann und soll ich jetzt reagieren?	Eindeutig vorgeben, wie reagiert werden soll, per Mail, per Telefon etc.
Wann muss ich reagieren?	Zeitliche Limitationen („Aktionsende", „Einsendeschluss") erhöhen die Response und sorgen für schnellere Reaktionen
Was muss ich ausfüllen und unterschreiben?	Klare Formulierung, was der Kunde bekommt (inklusive Rückgaberecht) und wo er unterschreiben muss

einsetzen, egal ob im B2C- oder B2B-Mailing. Die Antwortkarte ist das visuelle Signal: Reaktion erwartet.

2.4   Wie Worte wirken: Text im Dialogmarketing

Verwenden Sie kurze Wörter! Denn kurze Wörter sind gute Wörter. Mit kurzen Headlines machen Sie es einfach, Vorteile schnell zu kommunizieren. Sie kann das Gehirn sofort erkennen, ohne dass das Auge lesen muss. Augenkamera-Tests haben ergeben, dass die in Tab. 2.7 genannten Wörter den höchsten positiven Wert erreichen.

Verwenden Sie diese Wörter in Ihren Headlines und als Fixationen in Ihren Texten.

Einsilbige Wörter ziehen den Betrachter am stärksten an, dann zwei- und dreisilbige. Vier-, fünf- und mehrsilbige Wörter sind keine Haltepunkte mehr im ersten Kurzdialog.

Welche Wortlängen verkraften erfolgreiche Headlines? Schreiben Sie Ihre wichtigsten Headlines mit den kürzesten Wörtern. Kurze Wörter werden nicht nur zuerst gelesen, sie gehören auch zu den ältesten Wörtern unserer Sprache. Sie sind visuell geprägt und schneller zu verstehen. Verwenden Sie im Durchschnitt

Tab. 2.7 Wirkende Wörter mit Anwendungsbeispielen

Wirkendes Wort	Anwendung B2C	Anwendung B2B
Gratis	Jetzt GRATIS testen …	GRATIS-Test bei Ihnen im Betrieb …
Neu	NEU – und noch besser …	NEU – jetzt auch für Ihre Branche …
Gewinn	Sofort-GEWINN für Sie …	GEWINNEN Sie an Profil …
Vorteil	Noch heute VORTEILE sichern …	Ihre VORTEILE durch …
Geld	GELD sparen – nur noch 5 Tage …	Jetzt ordern und GELD sparen …
Sicher	Vermögen SICHER anlegen …	Die SICHERE Alternative …
Einfach	Ganz EINFACH bestellen …	EINFACH sofort einsetzbar …
Bequem	BEQUEM per Telefon sichern …	Eine BEQUEME Umsetzung …
Natürlich	NATÜRLICH mit Extras für Sie …	Die NATÜRLICHE Alternative …
Exklusiv	EXKLUSIV für Sie …	EXKLUSIV für besondere Kunden …

Tab. 2.8 Umwandlung von Hilfsverben in starke Formulierungen

Hilfsverb	Statt …	Besser …
Wollen	Wir wollen Sie einladen	Wir laden Sie ein!
Können	Wir können Ihnen versichern	Wir versichern Ihnen!
Müssen	Sie müssen darauf achten	Achten Sie darauf!
Dürfen	Sie dürfen uns glauben	Glauben Sie uns!
Sollen	Sie sollten nicht zu lange warten	Warten Sie nicht zu lange!

fünf Wörter für die Headline. Auch längere Headlines werden gelesen. Aber immer nach den kürzeren.

Aktivieren Sie Ihre Leser mit vielen persönlichen Fürwörtern. Persönliche Botschaften werden besser akzeptiert als unpersönliche. Wenn Sie also Vorteile für den jeweiligen Leser meinen, dann sagen Sie es ihm auch. „So gewinnen Sie mehr Zeit!" ist besser als „So gewinnt man mehr Zeit!".

Der Verbalstil löst mehr Reaktionen aus: Schreiben Sie im Verbalstil, wenn Sie etwas bewegen wollen. Ihre Dialogmarketingsprache soll nachhaltige Reaktionen auslösen. Ihre Leser sollen aktiviert werden. Aktive Verben packen Ihre Leser am stärksten. Und sogar der Imperativ, also die Befehlsform, ist angebracht, wenn Sie sofortige Reaktionen auslösen wollen.

Hilfsverben hingegen schwächen Ihren Text. Wie Sie Hilfsverben in starke Formulierungen umwandeln können, zeigt Tab. 2.8.

▷ **Tipp** Sie können sich den Aufbau Ihres Mailings auch als AIDA-Regel merken:

- Attention – Aufmerksamkeit der rechten Gehirnhälfte gewinnen
- Interest – Aufmerksamkeit der linken Gehirnhälfte gewinnen
- Desire – durch Lesen der Vorteile Wünsche erzeugen
- Action – durch Beantwortung aller unausgesprochenen Leserfragen, eine (Bestell-)Aktion auslösen

2.5 Ideensammlung für Kontaktanlässe

Wie oft kann man Kunden und Interessenten ansprechen? Sind Kunden ab einer bestimmten Anzahl an Werbebriefen genervt, und die Werbung wandelt sich zu einer Negativwerbung?

Erfahrungen belegen, dass Kunden insbesondere von direkt adressierter Werbung vergleichsweise wenig genervt sind. Gut umgesetzte und passgenau aufgebaute Mailings erzielen hohe Akzeptanzraten bei den Empfängern (vgl. Diller et al. 2005, S. 254). Erfahrungswerte helfen bei der Einordnung für die eigenen Direktmarketingaktionen:

- Schreiben Sie Ihre Kontakte häufiger als dreimal pro Jahr an, sonst verschenken Sie Werbewirkung, und Kunden können sich nicht an Werbeanstöße erinnern.
- Ihre Interessenten und Kunden haben eine andere Vorstellung von der Anzahl der erhaltenen Mailings, als sie tatsächlich verschickt haben. Tests belegen, dass Kunden nur eine geringere Anzahl an Mailings erinnern, als sie wirklich erhalten haben. Daher können Sie viele Mailings versenden, ohne dass bei Ihren Kunden das Gefühl entsteht, dass sie zu oft angeschrieben werden.
- Sechs Mailings pro Jahr können es durchaus sein, sowohl für B2C- wie auch B2B-Kunden.
- Mehr Anschreiben erzielen eine deutliche höhere Wiedererkennung und positivere Markenwahrnehmung.

Für diese recht hohe Anzahl an Anstößen pro Jahr sind genügend Anlässe notwendig, an denen es sich lohnt, Kunden anzuschreiben. Nur Angebote sind dafür nicht ausreichend, weitere Anlässe müssen gefunden werden. Allgemein wurden die Auslöser in Abschn. 2.1 thematisiert, jetzt werden konkrete Anlässe entwickelt, die Ausgangspunkt für die Direktmarketingaktion sein können (siehe Tab. 2.9). Diese Anlässe sind dann auch Startpunkt für die kreative Umsetzung der Mailing-Aktion nach den in Abschn. 2.3 formulierten Regeln.

Die Entwicklung eines Redaktionsplans für Direktmarketingaktionen stellt die zielgerichtete Ansprache der Kunden sicher. So können vier bis sechs Anstöße pro Jahr umgesetzt werden.

Auch vonseiten des Kunden bestehen Möglichkeiten, Anlässe für Direktmarketingaktionen zu entwickeln. Viele Prozesse und Vorkommnisse des Kunden bieten Ansatzpunkte, aus denen man eine Direktmarketingaktion aufsetzen kann (siehe Tab. 2.10).

Wesentlich ist für die Entwicklung des Redaktionsplans, dass viele Anlässe gefunden werden, bei denen man Kunden ohne rein verkäuferische Absichten kontaktieren kann. Auch wenn Kunden eine hohe Frequenz an Direktmarketingaktionen akzeptieren, ist die Akzeptanz für nur verkaufende Werbung gering. Bietet man weitere wertvolle Inhalte, kann hohe Kontaktfrequenz mit hoher Wertschätzung einhergehen.

Tab. 2.9 Kontaktanlässe vom Unternehmen ausgehend

Anlass	Beispiel
Einführung eines neuen Produkts	Direktmarketing zur Vorstellung einer Innovation gegenüber den Kunden etc.
Preisaktionen	Direktmarketing zur Bewerbung von Aktionspreisen, bspw. Jahresendrabatte etc.
Neue Referenzanwendungen	Direktmarketing zur Vorstellung eines Projekts mit einem Kunden zusammen als Beispiel-Anwendungsfall, als White Paper etc.
Interne Veränderungen im Unternehmen	Vorstellung von Ansprechpartnern oder geänderten Zuständigkeiten in der Kundenbetreuung durch Direktmarketing etc.
Weitergabe relevanter Informationen an Kunden	Weiterleitung/Versendung von neuesten Forschungsergebnissen oder Veröffentlichungen durch Mailings
Pflege des professionellen Kundendialogs	Direktmarketingaktion mit Marktforschung zur Verbesserung der eigenen Leistung etc.
Pflege des sozialen Kundedialogs	Einladungen und Nachberichte zu Kundenevents als individuelles Mailing etc.
Datenabgleich	Direktmarketing zur regelmäßigen Pflege der Kundendatenbank mit Abgleich von bspw. Ansprechpartner, Zuständigkeiten und Interessensgebieten etc.

Tab. 2.10 Kontaktanlässe vom Kunden ausgehend

Anlass	Beispiel
Reaktion auf Nachrichten des Kunden	Der Kunde veröffentlicht einen großen Geschäftsabschluss – Direktmarketing nimmt Bezug auf diesen Erfolg
Der Kunde startet ein großes neues Projekt	Bekanntgabe der Grundsteinlegung der neuen Hauptverwaltung – Direktmarketing wünscht gutes Gelingen für die Realisierung
Reklamation des Kunden	Eine Reklamation wurde abschließend bearbeitet – Direktmarketing erfasst die Beschwerdezufriedenheit
Neue Mitarbeiter beim Kunden	Direktmarketing macht die relevanten Ansprechpartner miteinander bekannt
Ideen für neue Produkte des Kunden	Direktmarketing unterstützt den Kunden mit Anstößen für die eigene Weiterentwicklung

2.6   Ideensammlung für Response-Elemente

Eine Direktmarketingaktion zeichnet sich durch die Möglichkeit aus, auf das Anschreiben zu reagieren. Die Fragen, die ein Response-Element beantworten muss, wurden bereits in Tab. 2.6 diskutiert, jetzt werden verschiedene Arten von Response-Elementen vorgestellt.

Zielsetzung eines Response-Elements ist die Motivation der Kunden, auf ein Anschreiben zu reagieren. Wird eine Reaktion ausgelöst, ist die Direktmarketingaktion erfolgreich. Die Reaktion kann dabei von einer Veränderung der Einstellung der Kunden bis hin zu einem aktiven Kauf alle Arten von unterschiedlichen Ausprägungen annehmen.

Der Response-Hebel muss so stark sein, dass Kunden aufgrund eines schriftlichen Dialogs interessiert sind, Kontakt aufzunehmen und zu kaufen. Monetäre Hebel zeigen die größte Wirkung, besondere Angebote sind ein starker Hebel. Die Herausforderung für monetäre Hebel ist, dass ein finanzieller Anreiz gefunden werden muss, der Kunden interessiert. In Tab. 2.11 sind verschiedene Optionen aufgeführt.

Bei monetären Anreizen besteht die Schwierigkeit, dass die Wirkung über die Zeit weniger wird. Kunden lernen Rabatte und Sonderkonditionen kennen, und die absatzfördernde Wirkung wird geringer. Zudem tritt ein Gewöhnungseffekt ein. Sind Rabatte oder Sonderkonditionen immer verfügbar, werden Kunden vermehrt zu Aktionszeiten kaufen und die normalen Preise nicht mehr akzeptieren.

Nicht-monetäre Hebel wirken im Vergleich schwächer. Sie können aber auch eine motivierende Funktion besitzen. Limitationen oder besondere Vorkaufsrechte können für Kunden interessant sein und sie motivieren, auf Direktmarketingaktionen zu reagieren.

▷ **Tipp** Die eindeutige Formulierung des vom Kunden erwarteten nächsten Schritts ist ein gut funktionierender Response-Hebel. Allein die Formulierung „Jetzt sofort antworten" führt zu einer deutlich höheren Response-Rate bei Mailing-Aktionen. Und je leichter ein Kunde reagieren kann, desto eher ist er bereit, die Werbung anzunehmen.

Ein funktionierender Response-Hebel stellt eine Rückantwortmöglichkeit für die Kunden bereit. Damit sind die Kontaktoptionen gemeint, um die Angebote etc. anzunehmen.

Tab. 2.11 Response-Hebel für Direktmarketing mit Printmedien

Ausprägung	Umsetzung	Beispiel
Monetärer Anreiz	Aktionspreise	Rabatte etc.
	Mengenrabatte	Gestaffelte Rabatte bei größeren Kaufmengen etc.
	Zugaben	Produktzugaben etc.
	Kauf-Nebenbedingungen	Kostenlose Lieferung etc.
	Gutscheine	Gutschrift/Wert für nächsten Kauf etc.
Nicht-monetärer Anreiz	Limitationen	Nur 50 x, die ersten 100, nur bis zum … etc.
	Early Bird, Pre Order	Jetzt schon sichern etc.
	Übergangszeit	Eröffnungsaktion bis zum … etc.
	VIP	Exklusiver Kontakt zu … etc.
	Klare Handlungsaufforderung	Jetzt sofort reagieren etc.

In der Umsetzung bieten sich folgende Rückantwortmöglichkeiten an:

- Allgemeine oder spezielle Telefonnummern
- Nennung eines persönlichen Ansprechpartners mit telefonischer Durchwahl
- (Post-)Adresse für schriftliche Kontaktaufnahme
- Bestellformular für sofortiges Eintragen der Bestellungen
- Bestellformular für Fax (noch für B2B relevant)
- Antwortpostkarte
- Allgemeine Webseite des Anbieters
- Spezielle Webseite für die beworbene Aktion (sog. Landingpage)
- QR-Code mit Verweis auf spezielle Aktionswebseite

Gewinnspiele
Gewinnspiele sind ein beliebtes Mittel, um die Response-Werte zu steigern. Das gelingt in vielen Fällen, allerdings oft zulasten der Adressqualität. Viele Antworten werden generiert, dabei jedoch nur wenige qualifizierte Reagierer.

- Setzen Sie dieses Hilfsmittel zurückhaltend ein!
- Eigene Zielsetzung beachten: große Teilnehmeranzahl versus hochwertige Kontakte
- Bei elitären privaten Zielgruppen und im B2B-Bereich sind Geschenke und Gewinnspiele ein schwieriges Thema.

Arten von Printmedien

3

Printmedien treten in unterschiedlichen Formen auf, wobei die allgemeinen Gestaltungsregeln für das Direktmarketing sehr vergleichbar zur Anwendung kommen. Abb. 3.1 verwendet eine Differenzierung der verschiedenen Formen. Alle angeführten Instrumente werden im Folgenden thematisiert.

3.1 Direkt adressiert

Das schon thematisierte postalische Mailing ist der Gruppe der adressierten Direktmarketinginstrumente zuzuordnen. Kennzeichnendes Merkmal ist der konkrete Kundenname und bestenfalls eine Kundenhistorie. Mit diesen Angaben kann das Unternehmen ein spitzes Angebot erstellen oder den Kontakt anlassbezogen pflegen.

Diese individuelle Kundenansprache zeichnet sich durch geringe Streuverluste aus (vgl. Meffert et al. 2015, S. 666). Zudem ist die sog. Empfangswahrscheinlichkeit deutlich höher, da durch die direkte Zustellung durch Post oder Zustellungsdienste eine hohe Qualität der Zustellung gesichert ist. Der Werbeanstoß kann beim Kunden eine direkte Reaktion auslösen und einen entsprechenden Erfolg erzielen.

Die einfachste Form des adressierten Direktmarketings ist das klassische postalische Mailing. Ein Werbebrief richtet sich an einen individuellen Empfänger und stellt die Vorteile des Angebots für den Kunden vor. Dieses Mailing kann um verschiedene Printprodukte ergänzt werden. Beispiele sind beigefügte Prospekte oder Antwortkarten. Mailings können als einfache Briefe aufgesetzt werden. Eine höhere Aufmerksamkeit kann mit speziell gestalteten Werbebriefen erzielt

© Springer Fachmedien Wiesbaden GmbH, ein Teil von Springer Nature 2018
T. Spandl und W. Plötz, *Direktmarketing mit Printmedien*, essentials,
https://doi.org/10.1007/978-3-658-21464-7_3

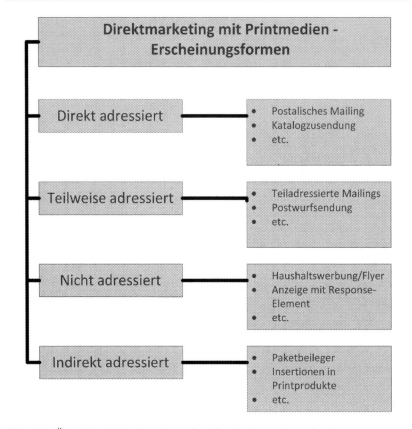

Abb. 3.1 Übersicht der Direktwerbemedien. (Quelle: eigene Darstellung)

werden. Das klassische Mailing kommt bei B2C- und B2B-Kunden gleichermaßen zum Einsatz.

Die (unaufgeforderte) Katalogzusendung wird ebenfalls als adressiertes Direktmarketing verstanden. Hier wird der Katalog an eine definierte Empfängeradresse zugestellt. Eine gute Qualität der Zustellung ist hier durch die höheren Stückkosten eines Katalogs notwendig, daher lohnt sich für die meisten Unternehmen nur die adressierte Zustellung. Der Katalog übernimmt eine dem Mailing vergleichbare Funktion. Produkte werden angeboten und dem Kunden zum unmittelbaren Kauf offeriert. Direkte Reaktionsmöglichkeiten sind vorhanden, bspw. ein Bestellformular.

Über den adressierten Weg können auch aufwendigere Werbeaktivitäten umgesetzt werden. So können bspw. nicht nur Druckstücke als Direktwerbung eingesetzt werden, sondern es können sogar konkrete Produktproben oder auch speziell für den Werbeanlass produzierte Elemente verschickt werden. Je hochwertiger der Kauf oder das Produkt ist, desto aufwendiger und auch teurer können Werbeanstöße entwickelt werden. Die Kenntnisse des Kundennamens und ggf. einer Kundenhistorie helfen, die richtigen Kunden anzusprechen und absolut hoch erscheinende Werbekosten durch eine relativ gute Erfolgsquote zu argumentieren. Jährlich prämierte Direktmarketingaktionen zeigen Erfolgsquoten von bis zu 100 % bei hochwertigen Werbeanstößen an genau selektierte Zielgruppen. Kampagnen der letzten Jahre sind unter www.max-award.de und www.ddv.de zu finden.

3.2   Teilweise adressiert

Zentrales Merkmal eines teiladressierten Direktmarketings ist die Zielsetzung, heute anonyme Kunden zukünftig individuell ansprechen zu können. Kunden werden anhand von ausgewählten Kriterien für die Ansprache selektiert, und der gedruckte Werbeanstoß wird zugestellt.

Beispiele dieser Form des Direktmarketings sind direkt in Briefkästen verteilte Mailings, die bspw. nur in ausgewählten Stadtteilen oder sogar Straßenzügen eingesetzt werden. Auf den Mailings wird keine Person direkt genannt, jedoch werden bspw. alle Bewohner eines Hauses angesprochen. Diese Mailings sind auch bei Nutzern ausgewählter Marken im Einsatz. So kann ein teiladressiertes Mailing alle Kunden ansprechen, die ein Produkt einer bestimmten Marke besitzen, und diesen Kunden passende Zusatzleistungen anbieten.

Diese Mailings zeichnen sich durch eine angemessene Zustellungsqualität aus, die sog. Postwurfsendung ist ein etabliertes Instrument der teiladressierten Werbung. Die Werbewirkung ist durch die fehlende persönliche Ansprache des Empfängers reduziert. Die Erfolgsquoten dieser Form des Printmarketings sind geringer, jedoch zeigt sich eine gute Einsetzbarkeit, da Kunden aufgrund von Selektionskriterien individuell angesprochen werden. Die Teiladressierung lässt sich kostengünstiger als eine adressierte Werbung realisieren.

Selektionskriterien können regionale Merkmale sein. Eine wichtige Anforderung ist, dass die Möglichkeit bestehen muss, Zustellungen an festgelegte Kundengruppen auszuwählen. Verteildienste können an ausgewählte Straßenzüge und Stadtteile liefern, jedoch kann bspw. aufgrund fehlender Daten keine konkrete Selektion von bspw. Kunden nach Haushaltsnettoeinkommen vorgenommen

werden. Bei entsprechendem Zugriff auf Daten können jedoch auch andere Kriterien zur Anwendung kommen, bspw. kann ein Automobilhändler gezielt Werbung
an die Fahrer ausgewählter Fahrzeugmarken direkt verteilen lassen. Die Selektion würde hier durch den Zusteller oder Verteildienst erfolgen, der die Fahrzeug-
marke bei der Verteilung in Augenschein nehmen kann (vgl. Bruhn 2015, S. 408).

> ▶ **Tipp** Teilweise adressierte Printmailings sind ein zentrales Neukun-
> dengewinnungsinstrument. Die Analyse des eigenen Kundenstamms
> identifiziert maßgebliche Merkmale der bisherigen Käufer. An ver-
> gleichbare Kunden wird dann in Folge Werbung ausgeliefert. Im digi-
> talen Marketing wurde vom Anbieter Facebook der Fachterminus
> „Lookalike" geprägt – Kunden, die vergleichsweise ähnlich aussehen
> bzw. ähnliche Merkmale aufweisen.

3.3   Nicht adressiert

Eine weitere Form sind die sog. nicht adressierten Medien. Diese Form der Wer-
bung wird vielfach als Haushaltswerbung bezeichnet. Auch hier ist das Ziel die
Initiierung eines direkten und kaufenden Kundenkontakts. Der Übergang dieser
Werbeform in den Bereich der Verkaufsförderung ist fließend.

Nicht adressiertes Direktmarketing lässt sich am breitesten einsetzen, und die
Zielgruppendefinitionen sind am größten. Die Werbemittel werden i. d. R. weitgehend einheitlich aufgebaut, und es besteht wenig oder keine Variantenvielfalt.
Die Medien werden direkt in die Briefkästen der selektierten Regionen gesteckt
und erreichen damit Zielgruppen relativ genau. Diese Werbung darf von Unternehmen ohne vorherige Genehmigung zugestellt werden, da Kunden ein berech-
tigtes Interesse an Werbeinformationen für ihren Lebensalltag unterstellt wird.
Die zunehmende Werbeverweigerung der Kunden („Bitte keine Werbung" als
Aufkleber) reduziert die Reichweite jedoch. Dennoch nutzen heute noch rd. 25 %
der Bevölkerung in der DACH-Region den gedruckten Handzettel als das domi-
nierende Medium für Information (siehe dazu auch Abschn. 4.2).

Hier steht der Privatkundenfokus klar im Mittelpunkt, die Verteilung von
gedruckten Werbeanstößen lässt sich auf Basis von regionalen Strukturen gut
organisieren. Die Gestaltung ist einfach gehalten, Kunden befassen sich nur
kurz mit Haushaltswerbung. In dieser Zeitspanne sollen die wesentlichen Informationen aufgenommen werden. Maßgebliche Elemente sind dabei Produktab-
bildungen und Preisnennungen. Die Werbemittel sind vergleichsweise einfach
produziert, da sie in großen Mengen verteilt werden (vgl. Kloss 2012, S. 523).

Verteilt werden diese Direktmarketingmedien zusammen mit Kauf- und Gratis-zeitungen, der Post und spezialisierten Verteildiensten.

Im Vergleich zu anderen Formen des Direktmarketings mit Printmedien sind Streuverluste am größten, da nur eine grobe Selektion der Zielgruppen stattfinden kann. Die regionale Selektion der Verteilgebiete ist vergleichsweise ungenau, und eine stark heterogene Zusammensetzung von Wohngebieten ermöglicht nur eine grobe Selektion.

3.4   Indirekt adressiert

Indirekt adressiertes Direktmarketing muss als eigene Direktmarketingdiszip-lin betrachtet werden, die Bedeutung ist in den letzten Jahren deutlich gestiegen. Unter indirekter Adressierung versteht man die Nutzung eines Trägers (Träger-mediums), der parallel zur eigenen Kommunikation weitere Werbebotschaften an seine Kunden übermittelt.

Praktisch umgesetzt kann dies für Direktmarketing betreibende Unternehmen bedeuten, dass sie zielgerichtet Printmedien bspw. Paketen von Online-Shops bei-legen. Eine möglichst große Überlappung der angestrebten Zielgruppen ist die Zielsetzung für die Identifizierung der Träger. Die Werbewirkung für das Unter-nehmen ist indirekt, da der Empfänger zuvorderst das Paket erwartet und nicht die Werbebotschaft.

In diesem Kontext wird auch die Zusteuerung von Printdirektwerbemedien zu gedruckten Medien als indirekte Adressierung/Beilagen-/Beileger-Werbung betrachtet. Die Leserschaft von Zeitschriften kann für Werbungtreibende eine passende Zielgruppe darstellen, die über Direktmarketing angesprochen wird. So praktiziert bspw. ein Verlag einer Wirtschaftstageszeitung seit vielen Jahren die Zusteuerung von Direktmarketing-Printmedien bei überregionalen Nachrichten-magazinen, um die passende Zielgruppe auch für sein Angebot zu sensibilisieren.

Die Personalisierung ist bei der indirekten Adressierung nur abstrakt möglich. Die Steuerung erfolgt relativ grob, da sich an wenigen Kriterien des Trägermedi-ums oder Trägerpakets orientiert wird. Die Werbewirkung ist im ersten Moment gering, da der Empfänger der Werbung ursprünglich ein Paket erwartet hat bzw. sich eine Zeitschrift aus seinem Interessensgebiet gekauft hat. Diese dabei ent-stehende positive Grundstimmung trägt dann in weiterer Folge dazu bei, dass die Wahrnehmung des beigelegten Werbeprospekts o. ä. positiv verlaufen kann. Der Kunde findet einen attraktiven Werbeanstoß im von ihm erwarteten Paket – eine glückliche Grundstimmung löst weitere Kaufanreize aus.

Die Übersicht in Tab. 3.1 fasst wesentliche Kriterien der verschiedenen Adres-sierungsarten zusammen.

Tab. 3.1 Adressierungsarten und Einsatzmöglichkeiten

	Direkt adressiert	Teilweise adressiert	Nicht adressiert	Indirekt adressiert
Einsatzzweck	Spitze Zielsetzungen in definierter und bekannter Zielgruppe	Hinführung zu direkter Ansprache mit direkter Reaktionsmöglichkeit	Breite Ansprache für konkrete Reaktion	Ansprache passender neuer Zielgruppen über Nutzung eines Partners
Reichweite	Schmal bis breit, in Abhängigkeit des eigenen Kundendatenumfangs oder der zugekauften Adressbestände	Frei zu definieren	Frei zu definieren	I. d. R. schmal, in Abhängigkeit der Kundenreichweite des Partners
Geschwindigkeit	Hoch, schnelle Umsetzung in Eigenverantwortung möglich	Mittel, da Partner für die Umsetzung notwendig, Nutzung etablierter Abwicklungswege	Mittel, da Partner für die Umsetzung notwendig, Nutzung etablierter Abwicklungswege	Langsam, da i. d. R. individuelle Vereinbarungen mit Partner notwendig
Werbe-Impact	Hoch, da individuelle Ansprache möglich	Mittel, da grobe Selektion der Zielgruppe möglich	Niedrig, da nur sehr grobe Selektion möglich	Mittel, da passende Partner hohe Zielgruppenüberschneidungen haben können, zusätzlich: positives Werbeumfeld
Komplexität	Niedrig bis hoch, einfachste Umsetzung als Werbebrief, komplexere Umsetzung als gestaltete Mailing-Aktion	Mittel, da unterstützende Dienstleister notwendig	Niedrig, da etablierte Abwicklungsstrukturen zur Verfügung stehen	Hoch, da Vereinbarungen mit Partnern getroffen werden müssen
Kosten	Niedrig bis hoch, in Abhängigkeit der Komplexität	Mittel, da Dienstleister ihre Unterstützungsleistungen honoriert sehen wollen	Niedrig, da etablierte Abwicklungsstrukturen genutzt werden, lineare Kostensteigerung analog Auflage	Mittel, in Abhängigkeit des genutzten Partners

Maßnahmen zur Umsetzung

4

4.1 Adressensammlung

Ein Erfolgskriterium des Direktmarketings sind die Daten des Kunden. Anzahl und Qualität der Adressen sorgen für inhaltlich und wirtschaftlich erfolgreiche Kampagnen (siehe Abb. 4.1).

Eigener Adressstamm
Eigene Kundendaten sind Ausgangspunkt der Direktmarketingkampagne. Auf Basis interner Selektionskriterien werden Kunden identifiziert, die das postalische Mailing erhalten sollen. Zum Beispiel kann ein auf Up- und Cross-Selling ausgerichtetes Mailing an Kunden gesendet werden, die bereits ein Produkt des Unternehmens gekauft haben. Die Qualität eigener Adressen ist sehr hoch, da die Kundenhistorie einen guten Eindruck von den Interessen der Kunden erlaubt. Der eigene Kundenstamm ist ein wichtiges Element und repräsentiert den Wert eines Unternehmens. Besitzt das Unternehmen einen guten und hochwertigen Kundenstamm, der erfolgreich über Direktmarketing angesprochen werden kann, ist dies eine sichere Ertragsquelle.

Gemietete Adressen
Adressbroker (Anbieter sind die Deutsche Post, Schober Direct etc.) bieten Adressbestände zur Nutzung an. Diese Adressen sind selektierbar und werden zur Nutzung bereitgestellt. Mieten bedeutet, dass die Adressen für eine vereinbarte Anzahl an Aktionen bereitgestellt werden. Die Qualität der Adressen ist unterschiedlich, Adressbroker informieren über die Adressqualität, und mietende Unternehmen können unterschiedlich angereicherte Adressen nutzen.

© Springer Fachmedien Wiesbaden GmbH, ein Teil von Springer Nature 2018
T. Spandl und W. Plötz, *Direktmarketing mit Printmedien,* essentials,
https://doi.org/10.1007/978-3-658-21464-7_4

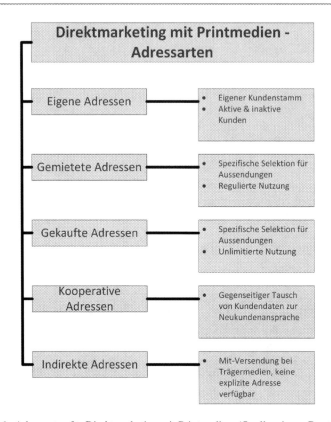

Abb. 4.1 Adressarten für Direktmarketing mit Printmedien. (Quelle: eigene Darstellung)

Gekaufte Adressen
Unternehmen können die Adressen auch kaufen. Alle Aspekte der gemieteten Adressen treffen auch hier zu.

Kooperative Adressen
Unternehmen, die einen vergleichbaren Kunden ansprechen und nicht in direktem Wettbewerb stehen, tauschen Adressen für Direktmarketing. Beide Partner können auf die jeweils anderen Kundendaten zugreifen und Direktmarketingaktivitäten bei potenziell interessierten Kunden umsetzen.

Indirekte Adressen

Die diskutierte Form der Beilage ist aus Sicht der Adressensammlung separat zu betrachten. Wird ein Mailing bspw. einem Paket zugelegt (indirekte Adressierung, siehe dazu Abschn. 3.4), stammen die Adressen aus einem Kundenstamm eines anderen Unternehmens. Können die Beilegekriterien fein selektiert werden, ist ein hochwertiger Versand möglich. Es werden Kunden angeschrieben, die ein Kaufverhalten nach definierten Kriterien zeigen.

Die für die Aktion identifizierten und selektierten Adressen müssen für die Versendung aufbereitet werden. Viele Adressstämme werden im Laufe der Nutzung optimiert, sodass sie regelmäßig für Direktmarketingaktionen verwendet werden können (vgl. Winkelmann 2010, S. 466 f.).

Qualitätsentwicklung und -sicherung sorgen für den guten Zustand der genutzten Adressen in den Systemen. Die Struktur besteht aus Adressgrunddaten (Anrede, Vorname, Name, Straße, Hausnummer, Postleitzahl und Ort, ggf. ergänzt um Firmenangaben bei Geschäftskunden), die für eine weitgehend zu automatisierende Mailing-Aktivität sicherzustellen ist. Mit aktuellen Daten ist eine hohe Versendungsqualität zu erreichen, die zu erfolgreichen Kampagnen führt.

Adressen werden im Laufe der Zeit angereichert. Neue Informationen werden hinzugefügt (Telefonnummer, Mailkontakte, Kundenhistorie etc.), und der Wert der Adressen steigt. Je mehr Informationen verfügbar sind, desto exakter kann Direktmarketing eingesetzt werden. Verschiedene Kontaktoptionen (postalisch, telefonisch oder digital) ermöglichen es, erfolgversprechende Direktmarketingaktionen anzugehen.

Der letzte Schritt der Datenaufbereitung ist die Identifizierung der sogenannten Dubletten – Adressen, die mehrfach im Datenstamm vorhanden sind. Für Unternehmen entsteht Mehraufwand, für Kunden ist eine gleichzeitige Versendung von zwei oder mehreren Mailings unerfreulich und erzeugt Reaktanz der Werbung gegenüber. Auslöser für doppelte Erfassungen von Adressen sind Namensabkürzungen, unterschiedliche Post- und Lieferadressen und unvollständige Anschriften. Diese werden aus den Daten entfernt und optimalerweise im datenhaltenden System zusammengeführt (vgl. Kloss 2012, S. 519).

4.2 Rechtliche Aspekte des Direktmarketings mit Printmedien

Direktmarketing mit Print ist rechtlich nur wenig beschränkt. Kunden können postalisch angeschrieben werden, und es stellt i. d. R. keine unzumutbare Belästigung für Kunden dar, Werbezusendungen zu erhalten. Damit unterschiedet sich die rechtliche Situation maßgeblich von anderen Direktmarketingmedien wie E-Mail und Telefon.

Adressierte Mailings müssen verdeutlichen, dass es sich um Werbezusendungen handelt. Kunden können der direkten Adressierung von Werbebriefen widersprechen, dafür müssen sie dem Werbungtreibenden diesen Wunsch explizit mitteilen. Entweder direkt oder durch Eintragung in eine sog. Blacklist/Robinsonliste. Viele werbungtreibende Unternehmen haben sich in einer Selbstverpflichtung dazu bekannt, in Blacklist/Robinsonlisten eingetragene Kundenadressen nicht für werbliche Zwecke anzuschreiben (u. a. bei www.ichhabediewahl.de).

Beschränkungen gibt es bei Printwerbung, die ohne explizite Adressierung versendet wird (teilweise adressiert und nicht-adressiert, siehe dazu Abschn. 3.2 und Abschn. 3.3). Diesen können Kunden durch den „Bitte keine Werbung"-Aufkleber am Briefkasten widersprechen. Die Verteildienste dürfen in diese Briefkästen keine Werbung einwerfen.

4.3 Technische Umsetzung

Mailings in adressierter Form bestehen üblicherweise aus vier Bestandteilen: Umschlag/Kuvert, Anschreiben/Werbebrief, ergänzendes Produktblatt/Prospekt und der Antwortmöglichkeit/einer Antwortkarte (vgl. Kloss 2012, S. 521). Diese Elemente werden für einen einheitlichen Auftritt aufeinander abgestimmt, zentral sind Kuvert und Anschreiben. Das Kuvert bestimmt den ersten Eindruck, den der Empfänger von der Aktion hat. Dieser Eindruck entscheidet über die weitere Beschäftigung mit der Aktion: öffnen oder wegwerfen (siehe dazu auch die Wegwerfwellen in Abschn. 2.3). Das Anschreiben sorgt dann für den Impuls, das Angebot näher zu betrachten.

Die Direktmarketingaktion muss technisch umgesetzt werden. Dafür muss ein entsprechendes Layout für das Anschreiben gesetzt werden. Auch Kuverts können gestaltet werden, insbesondere im Privatkundenumfeld werden häufig gestaltete Kuverts eingesetzt. Im Geschäftskundenumfeld ist dies auch vorzufinden, wobei Aktionen auch mit neutralen Kuverts realisiert werden können.

Die Gestaltung der Layouts kann dabei flexibel einfach bis eher komplex sein. Kleine Mailing-Auflagen können einfach mit der eigenen Office-Software gesetzt werden, größere Mailings werden i. d. R. von Agenturen gestaltet und über verschiedene Produktionsstufen hergestellt.

Beim Setzen ist darauf zu achten, dass die gewünschte Personalisierung umgesetzt werden kann. Das beginnt bei der Möglichkeit, die individuelle Adresse auf dem Anschreiben einzudrucken. Im Rahmen des Textes können ergänzende

Namensnennungen stattfinden, so zum Beispiel bei der konkreten Anrede oder weiteren Personalisierungen. Kuverts unterliegen Gestaltungsrichtlinien, damit sie von dem jeweiligen Postversender transportiert werden. Die Richtlinien können bei dem jeweiligen Dienstleister eingesehen werden.

Digitaldruck in Verbindung mit Datenbanken bietet heute die Möglichkeit, Printstücke individuell für die Empfänger zu gestalten. Das Printmailing kann hochgradig individualisiert gestaltet werden. Die aus Online-Newslettern bekannte Anpassung an spezifizierte Angebote und Aktionen kann heute auch in Print realisiert werden. Die unter dem Schlagwort „Real Time Printing" bekannte Technik ermöglicht die Änderung und Neugestaltung jedes einzelnen Mailings (weitere Informationen zu dieser Technik finden Sie bspw. bei ddv (2016)).

Der Druck des Mailings ist der letzte Umsetzungsschritt vor der Versendung. Gedruckt werden kann der Werbebrief am normalen Office-Printer, jedoch ist dies nur bei sehr geringen Auflagen praktikabel und wirtschaftlich. Je größer die Auflage, desto eher lohnt sich die Umsetzung mit einer Druckerei.

Online-Digitaldruckereien bieten bei kleineren und mittleren Auflagengrößen ein gutes Preis-Leistungs-Verhältnis. Die Drucker können einfache Druckstücke produzieren und stellen eine gute Qualität sicher. Sie setzen schnell um und können in vielen Fällen selbst gebucht werden.

Größere Auflagen und aufwendigere Druckstücke müssen i. d. R. bei klassischen Druckereien beauftragt werden. Die Unterscheidung zu Online-Druckereien liegt dabei in der individuell abzusprechenden Konfektionierung des Mailings. Besonderheiten können dabei Papierqualitäten, Verarbeitungen und auch besondere Formate sein.

Für die Aussendung des Mailings wird in vielen Fällen auf einen weiteren Dienstleister zurückgegriffen, den sog. Lettershop. Diese spezialisierten Anbieter helfen bei der Zusammenstellung des Mailings. Hier werden verschiedenen Druckstücke (Kuvert, Anschreiben, Prospekte und Antwortkarten) finalisiert und in den Versand gebracht.

Ein Lettershop setzt folgende Leistungen um: Falzen und Schneiden der Printmedien, Adressieren und Kuvertieren, Aufspenden von Produktproben, Einschweißen von Elementen, Portooptimierung, automatisiertes Frankieren inkl. Freistempeln, Sortierung und Postauslieferung (vgl. Neumann und Nagel 2001, S. 203 f.). Diese Leistungen sorgen dafür, dass nach Konzeptionierung und Datenselektion auch wie geplant an die Kunden versendet wird. Gerade bei mittleren und hohen Auflagen ist die Unterstützung durch einen Lettershop eine wichtige Arbeitsteilung, die eine fehlerfreie und qualitativ hochwertige Umsetzung von Direktmarketing sicherstellt.

4.4   Kennzahlen des Direktmarketings mit Printmedien

Direktmarketing ist eines der Marketinginstrumente, welche am besten mit Kennzahlen gesteuert werden können. Dies ist durch die 1:1-Beziehung zum Kunden begründet. Der individuelle Kundenkontakt ist eindeutig und lückenlos nachvollziehbar. Die Marketinginvestitionen werden zielgerichtet eingesetzt, und die Direktmarketingaktionen lassen sich unternehmensintern konkret quantifizieren.

Wie auch bei anderen Kommunikationsinstrumenten steigt die Wirkung des Direktmarketings mit der Häufigkeit der Wiederholungen. Drei unterschiedliche Wiederholungseffekte bestehen (vgl. Farris et al. 2007, S. 351 ff.). Der Lineareffekt sagt aus, dass die Werbewirkung mit einer steigenden Anzahl an Werbebotschaften gleichmäßig größer wird. In Fall von Direktmarketing heißt dies, dass die Werbewirkung nach dem zweiten Anstoß doppelt so groß ist wie nach dem ersten. Der Schwellenwerteffekt sagt aus, dass eine Mindestanzahl an Anstößen notwendig ist, bis die Werbewirkung einsetzt, dann steigt sie aber augenblicklich auf die höchstmögliche Ausprägung. Lange erzielen Direktmarketingeffekte nach diesem Wirkungsverlauf keine Reaktion, zu einem ausgewählten Zeitpunkt jedoch wird unmittelbar eine große Werbewirkung erreicht.

Der dritte Effekt ist der Lernkurveneffekt. Dieser besagt, dass die Werbewirkung erst langsam einsetzt. Kunden reagieren aber später immer besser und schneller auf die Werbung. Für Direktmarketing mit Printmedien kann allgemein der Lernkurveneffekt angenommen werden. Die ersten Aktionen werden nicht so starke Reaktionen haben wie spätere Umsetzungen. Kunden lernen das Unternehmen und die Produkte kennen. Und das Unternehmen lernt die Kunden kennen und kann Direktmarketingaktionen deutlich zielgerichteter umsetzen.

Eine erfolgreiche Umsetzung wird durch Tests vorbereitet. Ein kleiner Teil der Adressen wird vorab mit Testaktionen beworben. Auf Basis der Reaktionsquoten wird dann optimiert und anschließend an den großen Restbestand der Adressen versendet. Alternativ kann ein Test als A/B- Test aufgesetzt werden, bei dem zwei Versionen eines Mailings gegeneinander getestet werden. In den Test können alle Bestandteile des Mailings einbezogen werden: das Kuvert, das Anschreiben und der Text, verschiedene Angebote und Produkte, unterschiedliche Preise und alternative Reaktionshebel. In der Folge werden ausgewählte Kennzahlen von Printmailings vorgestellt (vgl. dazu u. a. Neumann und Nagel 2001, S. 239 ff.; Winkelmann 2010, S. 468 f.; Geller 1997, S. 126 f.).

Kosten der Direktmarketingaktion (CPC/Cost per Campaign)

$$CPC = \text{(Gesamt-)Kosten der Direktmarketingaktion}$$

Kosten je versendetem Mailing (CPM/Cost per Mailing)

$$CPM = \frac{\text{(Gesamt-)Kosten der Direktmarketingaktion}}{\text{Anzahl aller versendeten Mailings}}$$

Negativ-Rückläufer der Direktmarketingaktion – prozentual (NDM/Not delivered Mailings).

$$NDM = \frac{\text{Anzahl der retounierten Mailings}}{\text{Anzahl aller versendeten Mailings}} * 100$$

Positiv-Rückläufer – prozentual/Responsequote der Direktmarketingaktion (RR/Response-Rate)

$$RR = \frac{\text{Anzahl der Responses}}{\text{Anzahl aller versendeten Mailings}} * 100$$

Kosten je Response der Direktmarketingaktion (CPL/Cost per Lead)

$$CPL = \frac{\text{(Gesamt-)Kosten der Direktmarketingaktion}}{\text{Anzahl der Responses}}$$

Umsatz je versendetem Mailing (SPM/Sales per Mailing)

$$SPM = \frac{\text{(Gesamt-)Umsatz der Direktmarketingaktion}}{\text{Anzahl aller versendeten Mailings}}$$

Ertrag je versendetem Mailing (RPM/Return per Mailing)

$$RPM = \frac{\text{(Gesamt-)Ertrag der Direktmarketingaktion}}{\text{Anzahl aller versendeten Mailings}}$$

Umsatz je Response (SPR/Sales per Lead)

$$SPL = \frac{\text{(Gesamt-)Umsatz der Direktmarketingaktion}}{\text{Anzahl der Responses}}$$

Ertrag je Response (RPL/Return per Lead)

$$RPL = \frac{\text{(Gesamt-)Ertrag der Direktmarketingaktion}}{\text{Anzahl der Responses}}$$

Break Even Point der Direktmarketingaktion (prozentual notwendige Response zur Erreichung des Break Even Points) (BEC/Break Even per Campaign)

$$BEC = \frac{\dfrac{\text{(Gesamt-)Kosten der Direktmarketingaktion}}{\text{Ertrag einer positiven Response}}}{\text{Anzahl aller versendeten Mailings}} * 100$$

Umsatzrendite der Direktmarketingaktion – prozentual (ROS/Return on Sales)

$$ROS = \frac{(Gesamt\text{-})Ertrag\ der\ Direktmarketingaktion}{(Gesamt\text{-})Umsatz\ der\ Direktmarketingaktion} * 100$$

Deckungsbeitrag der Direktmarketingaktion – prozentual (ROI/Return on Investment)

$$ROI = \left(\frac{(Gesamt\text{-})Ertrag\ der\ Direktmarketingaktion\ -\ (Gesamt\text{-})Kosten\ der\ Direktmarketingaktion}{(Gesamt\text{-})Ertrag\ der\ Direktmarketingaktion} \right) * 100$$

Die Wirkungszeiten eines Mailings sind begrenzt. Direkt nach dem Anstoß werden erste Kundenreaktionen erzielt, die Rücklaufkurve erreicht i. d. R. drei bis vier Tage nach Versendung ihre höchste Ausprägung. Man spricht von der Halbwertszeit eines Mailings, die Hälfte der zu erreichenden Rücklaufquote ist erreicht und danach lässt die Response auf das Mailing nach (vgl. Winkelmann 2010, S. 468). Aussagefähige Kennzahlen können daher schon nach verhältnismäßig kurzer Zeit ermittelt werden.

Was Sie aus diesem *essential* mitnehmen können

- Direktmarketing mit Printmedien ist eine erfolgreiche Marketingdisziplin, die einen 1:1-Kundenkontakt ermöglicht
- Printmedien erfreuen sich wieder steigender Popularität – sie sind fast ohne Einschränkung für alle Kundengruppen einsetzbar
- Von einfacher bis aufwendiger Gestaltung: Direktmarketing ist schnell, kostengünstig und enorm variabel
- Direktmarketing benötigt Anlässe, damit man Kunden mehrfach pro Jahr anschreiben kann – diese Anlässe lassen sich für einen Redaktionsplan gut entwickeln
- Mehrere gestaltete Elemente (Kuvert, Anschreiben, Produktinformationen, Antwortkarten etc.) ergeben zusammen eine erfolgreiche Direktmarketingaktion
- Die Reaktion der Kunden kann durch die Gestaltung von Response-Hebeln gesteigert werden
- Harte Kennzahlen ermöglichen eine Erfolgsmessung von Direktmarketing

© Springer Fachmedien Wiesbaden GmbH, ein Teil von Springer Nature 2018   51
T. Spandl und W. Plötz, *Direktmarketing mit Printmedien,* essentials,
https://doi.org/10.1007/978-3-658-21464-7

Literatur

Bruhn, M. (2015). *Kommunikationspolitik – Systematischer Einsatz der Kommunikation für Unternehmen* (8. Aufl.). München: Vahlen.

ddv. (2016). *„Branchentrends im Dialogmarketing": Real-Time Printing.* https://www.ddv.de/alle-news-kacheln/branchentrends-im-dialogmarketing-real-time-printing.html. Zugegriffen: 5. Febr. 2018.

Diller, H., Haas, A., & Ivens, B. (2005). *Verkauf und Kundenmanagement – eine prozessorientierte Konzeption.* Stuttgart: Kohlhammer.

Farris, P. W., Bendle, N. T., Pfeifer, P. E., & Reibstein, D. J. (2007). *Marketing messbar machen – die 50 wichtigsten Methoden aus dem Marketing, die jeder Manager kennen sollte.* München: Pearson Business.

Geller, L. K. (1997). *Response! Die unbegrenzten Möglichkeiten des Direktmarketing – Neue Vertriebswege, erfolgreiche Praxisbeispiele, Checklisten.* Landsberg/Lech: Moderne Industrie.

Kloss, I. (2012). *Werbung – Handbuch für Studium und Praxis* (5. Aufl.). München: Vahlen.

Kuhlmann, E. (2001). *Industrielles Vertriebsmanagement.* München: Vahlen.

Meffert, H., Burmann, C., & Kirchgeorg, M. (2015). *Marketing – Grundlagen marktorientierter Unternehmensführung, Konzepte – Instrumente – Praxisbeispiele* (12. Aufl.). Wiesbaden: Springer Gabler.

Meyer-Grashorn, A. (2004). *Spinnen ist Pflicht – Querdenken und Neues schaffen.* Frankfurt a. M.: Mvg.

Meyerhoff, J., & Brühl, C. (2017). *Fachwissen lebendig vermitteln – Das Methodenhandbuch für Trainer und Dozenten* (4. Aufl.). Wiesbaden: Springer Gabler.

Neumann, U., & Nagel, T. (2001). *Professionelles Direktmarketing.* München: Dtv.

Pricken, M. (2010). *Kribbeln im Kopf – Kreativitätstechniken & Denkstrategien für Werbung, Marketing & Medien* (11. Aufl.). Mainz: Schmidt.

Schnetzler, N. (2004). *Die Ideenmaschine – Methode statt Geistesblitz: Wie Ideen industriell produziert werden.* Weinheim: Wiley.

© Springer Fachmedien Wiesbaden GmbH, ein Teil von Springer Nature 2018   53
T. Spandl und W. Plötz, *Direktmarketing mit Printmedien,* essentials,
https://doi.org/10.1007/978-3-658-21464-7

Tropp, J. (2014). *Moderne Marketing-Kommunikation: System – Prozess – Management* (2. Aufl.). Wiesbaden: Springer VS.

Vögele, S. (2003). *99 Erfolgsregeln für Direktmarketing – Der Praxisratgeber für alle Branchen* (5. Aufl.). Frankfurt a. M.: Redline.

Winkelmann, P. (2010). *Marketing und Vertrieb: Fundamente für die Marktorientierte Unternehmensführung* (7. Aufl.). München: Oldenbourg.

Printed in the United States
By Bookmasters